AF280572

Fibel
IT-Sicherheit

Jetzt in einer verbesserten Neubearbeitung
2024

Vorhersagen für die Cybersicherheit im Jahr 2024 sind besorgniserregend: Es gibt vermehrt staatlich geförderte Cyberangriffe; Nationalstaaten führen weiterhin Cyberoperationen durch, um ihre geopolitischen Ziele zu erreichen. Neben Angriffen auf kritische Infrastrukturen sind auch vermehrt Desinformationskampagnen und Störungen demokratischer Strukturen zu erwarten. Ferner sind Cyberattacken die Basis für eine wirtschaftliche Einflussnahme auf Schlüsselmärkte und Technologien. Es wird erwartet, dass wir einen Anstieg von Hacktivismus und anderen Cyberaktivitäten sehen, insbesondere im Zusammenhang mit großen globalen Konflikten, Wahlen, den Olympischen Sommerspielen in Paris und der Fußball-Europameisterschaft 2024. Immer mehr Angreifer setzen künstliche Intelligenz in ihren Operationen ein, während Verteidiger sie nutzen, um die Erkennung und Reaktionsfähigkeit zu verbessern.

Die ständig wachsende Bedrohungslage in der digitalen Sicherheitslandschaft führt dazu, dass stets neue Fachbezeichnungen geprägt werden. In dieser Neuauflage sind alle Inhalte komplett überarbeitet und ergänzt. Von den Grundlagen der Netzwerktechnik bis zu fortgeschrittenen Techniken der Cybersicherheit deckt dieses Werk ein breites Spektrum ab.

Dieses Buch bietet einen umfassenden Einblick in die Welt der digitalen Gefahren und präsentiert 1000 Fachwörter im Kontext der IT-Sicherheit. Hauptbestandteile bilden Sicherheitsthemen, wie digitale Risiken, Angriffsvektoren und Schutzsysteme. Vorgestellt werden weiterhin: fachsprachliche Bezeichnungen der Netzwelt, Netzwerktechnik, Programmierung und Kryptologie sowie die Namen der gefährlichsten Hacks und Hacker-Gruppierungen. Damit erhalten alle Personen, die auf digitale Ressourcen zugreifen und diese nutzen, grundlegendes Wissen. Administratoren finden Aktualisierungen und Fachinformatiker alle wichtigen Begriffe im Kontext der IT-Sicherheit.

Fibel IT-Sicherheit

Fachbegriffe und Akronyme im Kontext der IT-Sicherheit

Richard Sittloh

Bibliografische Information der Deutschen Nationalbibliothek:
Die Deutsche Nationalbibliothek verzeichnet diese Publikation
in der Deutschen Nationalbibliografie; detaillierte
bibliografische Daten sind im Internet über http://dnb.dnb.de
abrufbar.

2. Auflage, 2024

Herstellung und Verlag: BoD – Books on Demand,
Norderstedt

ISBN: 9783759703125

Im Buch verwendete Abkürzungen

aka.	also known as, dt. Pseudonym
bspw.	beispielsweise
bzw.	beziehungsweise
dgl.	dergleichen
d.h.	das heißt
dt.	deutsch
engl.	englisch
etc.	»und so weiter«
GB	Großbritannien
geb.	geboren; geborene
gegr.	gegründet
gespr.	gesprochen
grch.	griechisch
i.d.R.	in der Regel
jmd.	jemand
lat.	lateinisch
o. Ä.	oder Ähnliches
RUS	Russland
urspr.	ursprünglich
usw.	und so weiter
z.B.	zum Beispiel

0-day-vulnerability

Unentdeckte Sicherheitslücke.

Siehe: Exploit.

2FA

Abk. für engl. Two Factor Authentication, dt. Zwei-Schritt-Verifizierung. Die Überprüfung der Identität eines Benutzers erfolgt über zwei Kanäle: Internet und Telefon, Internet-Browser und Sicherheitsschlüssel oder einer hardwarebasierten Verschlüsselung (Authenticator-Token).

Synonym: Sicherheitsschlüssel.

3DES

Triple-DES.

Siehe: DES (Data Encryption Standard).

404

Rückmeldung einer HTTP-Anfrage an den anfragenden Client, i.d.R. ein Browser. Die erste 4 steht allgemein für: »Client-Fehler«. 404 steht für »Not Found«, was bedeutet, dass der Aufruf einer Webseite fehlgeschlagen ist, weil diese nicht (oder nicht mehr) auf dem Webserver existiert.

Synonym: Statuscode; Fehlercode.

Siehe auch: FloodNet-Protest | Cyber Caliphate.

7547/8085, Fernwartungs-Port-

Siehe: Speedport-Hack.

802.1X, IEEE-

Siehe: WPA2.

8086

Siehe auch: x86_64

a/s/l

Chat-Slang für: age/sex/location.

A

AACS

Abk. für engl. Advanced Access Content System. DVD-Nach-folge-Schutzsystem, basierend auf einem System der digitalen Rechtevergabe (DRMS).

Siehe auch: Kopierschutz.

Abstrahlung, elektromagnetische-

Siehe: Side-Channel Attack | Phreaking, Van-Eck-.

Abuse-of-Functionality

Funktionalitätsangriff. Angriffsmethode, bei der die eigenen Funktionen einer Online-Publikation verwendet werden, um Zugriffskontrollmechanismen zu umgehen.

Account

Dt. Konto (im Sinne von Benutzerkonto). Kann mit einer On-line-Identität verbunden sein, mit dem Benutzerprofil eines Be-triebssystems oder einem Mehrplatzsystem im unternehmens-internen Netzwerk. Ein Benutzerkonto dient der Überprüfung der Identität eines Benutzers (Authentication / Authentifizie-rung) und der Zugangsberechtigung zu Kommunikationsdiens-ten (Authorization / Autorisierung). Die Anmeldung eines Be-nutzers ist eine Kombination aus Zugangskennung und Pass-wort: Die Zugangskennung kann, abhängig von dem Betriebs-system, dem Netzwerk oder der Web-Anwendung, ein Benut-zername, eine E-Mail-Adresse oder ein frei gewählter Alias-Name sein.

Das Passwort ist eine geheim zu haltende Zeichenkette, welche i.d.R. als eine kryptographische Hash-Funktion abgespeichert ist.

Um eine sichere Authentifizierung zu gewährleisten, muss der User gegebenenfalls noch weitere Sicherheitsfragen beantworten – zum Beispiel: Geburtstag, Tag der Anmeldung usw. Ein weiterer Account-Schutz zur Bestätigung der Richtigkeit der Angaben ist der Verifizierungscode.

Synonym: Benutzerkonto; Nutzerkonto; User-Konto; User-Account; Login.

Siehe auch: Verifizierungscode | Hash.

Active Directory

Verzeichnisdienst von Microsoft, der auf dem LDAP-Protokoll basiert und dieses verwendet, um die Struktur, den Zugriff und die Verwaltung von Ressourcen zu ermöglichen. Active Directory enthält Informationen über Netzwerk-Ressourcen und Objekte wie Benutzer, Gruppen, Computer und Drucker. Administratoren können Gruppenrichtlinien und Sicherheits-Richtlinien erstellen.

Siehe auch: Microsoft Corporation | LDAP.

Ada

Prozedurale, objektorientierte Programmiersprache, 1980 -. Benannt nach der britischen Mathematikerin Ada Lovelace, geb. am 10. Dezember 1815 in London, † 27. November 1852.

Adblocker

Dt. Werbeblocker. Zusatzprogramm im Webbrowser, welches Werbung von Seitenbetreibern blockiert.

Address-Spoofing

Angriffsszenario, bei dem ein Angreifer der attackierten Person eine ungültige oder falsche E-Mail-Absenderadresse unterschiebt. Address-Spoofing ist häufig eine Methode, um dem Opfer vorzugaukeln, die E-Mail-Nachricht sei von dessen Bank oder von einer anderen vertrauenswürdigen Quelle.

Synonym: Mail-Spoofing.

Siehe auch: Content-Spoofing | DNS-Spoofing | IP-Spoofing | Spoofing | Typosquatting.

ADIC

Agentur zur Förderung bedarfsorientierter Forschung an disruptiven Innovationen im Bereich Cybersicherheit und Schlüsseltechnologien, gegr. 2018.

Admin

Kurzbezeichnung von Administrator, aus dem lat. »administrare« ≙ verwalten. Administratoren planen, installieren, konfigurieren und verwalten Computer, Netzwerke und Web-Anwendungen auf der Basis von: Berechtigung (Authority), Verfügbarkeit (Availability), Vertraulichkeit (Confidentiality) und Integrität (Integrity). Normalerweise verfügt ein Administrator-Konto über umfangreiche Befugnisse eines Windows-Systems: In macOS und Linux/UNIX heißt dieses Konto »root«.

Synonym: Administrator; Sysadmin; root.

Adobe Acrobat Reader

Programm zum Betrachten und Drucken von Dokumenten im Adobe Portable Document Format (PDF).

Synonym: PDF-Betrachter; Reader; Dateibetrachter.

Adware

Gebildet aus der englischen Wortreihe »Advertisement« und »Software«, was so viel bedeutet wie »Programm für Werbeanzeigen«. Die Software überwacht das Nutzerverhalten und verwendet diese Informationen, um gezielte Werbeanzeigen in einem Pop-up-Fenster zu generieren.

Adware-Programme sind oft in Free- oder Shareware integriert.

Synonym: Pop-up.

Siehe auch: DNT (Do Not Track) | Cookies | User Tracking.

AES

Abk. für engl. Advanced Encryption Standard. Symmetrisches, kryptographisches (Nachfolge-) Verfahren von DES. AES ist der offizielle Verschlüsselungsstandard der US-Regierung – entwickelt 2001 vom U.S. National Institute of Standards and Technology (NIST).

Synonym: Verschlüsselungsstandard; Rijndael-Algorithmus.

Siehe auch: DES | Kryptologie | NIST.

Ähnlichkeitsmaß

Siehe: Levenshtein-Distanz | Bloom-Filter | Fuzzy-Suche.

AI

Artificial Intelligence. Künstliche Intelligenz.

Siehe: KI.

Air-Gapping

Fachjargon für Computersysteme, die physikalisch vom Internet getrennt sind.

Synonym: Air-Gap.

aka

Abk. für engl. »also known as«, dt. »auch bekannt als«.

Synonym: Alias-Name; Pseudonym.

Aktivitätenverfolgung

Siehe: User Tracking.

Algorithmus

Rechenvorschrift, welche in eindeutig beschriebenen mathematischen Gleichungen Programmieraufgaben löst.

Synonym: Lösungsverfahren; Rechenvorschrift; Programm.

Siehe auch: Programmiersprachen.

Allen, Paul Gardner

Unternehmer und Mitbegründer der Microsoft Corporation, geb. am 21. Januar 1953 in Washington, USA.

Siehe auch: Microsoft | Gates, »Bill« Henry William.

Alphabet Inc.

Siehe: Google.

Alperovitch, Dmitri

Mitbegründer des Sicherheitsdienstleisters Crowdstrike, geb. 1980 in Moskau.

Android

Linux-basiertes Betriebssystem für mobile Geräte – entwickelt von Google. Erstveröffentlichung: September 2008.

Siehe auch: Google Play Store.

Angriff mit brutaler Gewalt

Siehe: Brute-Force-Attack.

Angriffserkennungssystem

Siehe: IDS (Intrusion Detection System) | Antiviren-Programm.

Anonym Surfen

Anonymes Surfen lässt sich – zumindest ansatzweise – mit einem VPN-Dienst realisieren: Sind diese Dienste anonym, also nicht »transparent«, leiten diese auch nicht die echte IP-Adresse an die Zielseite weiter. Der anvisierten Seite wird dann eine andere IP-Adresse vorgespiegelt, als der Surfer tatsächlich hat. Anbieter von VPN-Diensten sind zum Beispiel: CyberGhost, hide.me, HMA VPN, NordVPN, ProtonVPN, VeePN, VPN Unlimited, VyprVPN, Windscribe, ZenMate. (…). Teilweise kann man so Geoblocking umgehen.

Vollständig anonym surfen, auf einem Endgerät, welches man ständig benutzt, ist allerdings kaum realisierbar. Auch wenn man einen VPN-Dienst in Anspruch nimmt, bleiben sehr viele Parameter des Browsers, die von der anvisierten Website zum Tracking herangezogen werden. Hardware-Elemente können etwa ausgelesen werden – zum Beispiel: Eigenschaften des Sound- oder Grafik-Systems.

Eine Strategie, größtmögliche Anonymität zu erreichen, ist in »einer ausreichend großen Anonymitätsgruppe mit identischen Merkmalen«[1] unterzutauchen, so wie das beim Tor-Projekt geschieht.

Siehe auch: User Tracking | Social Credibility System (Tracking der Bevölkerung) | TOR-Netzwerk | Geoblocking.

Anonymous

Anonymous wurde im Januar 2008 erstmalig von der etablierten Presse als eine »Gruppierung« oder »digitale Untergrundgruppe« wahrgenommen, die zu Protesten und Aktionen gegen die Scientology-Organisation aufrief. Nachdem in der Comicverfilmung »V for Vendetta« der Protagonist Guy Fawkes mit einer Musketier-Maske dargestellt wurde, nutzte das Hacker-Kollektiv die »Guy Fawkes Maske« bei allen Demonstrationen gegen die Scientology-Organisation. Die Maske steht im Prinzip für einen anarchistischen Freiheitskämpfer, der Terrorakte zur Bekämpfung der Unterdrückung einsetzt.

Anonymous gilt als eine weltweit agierende Bewegung, ohne Anführer oder zentrale administrative Struktur. Themen des Kollektivs waren bisher unter anderem:

Digitale Freiheitsrechte, Informationsfreiheit, Vorrats-Datenspeicherung, Netzneutralität, Aktionen gegen die »Church of Scientology«, Aktionen gegen den »Islamischen Staat« sowie Aktionen gegen Tech-Konzerne, Strafverfolgungsbehörden, Zahlungsabwickler, Nazis und Pädokriminelle-Netzwerke.

Antiviren-Programm

Software, die ein Schadprogramm in Echtzeit entdeckt

---

[1] privacy-handbuch.de, 25.1.22

(Identifizierung), bereinigt (Desinfektion), isoliert (Quarantäne) oder löscht. Die Identifizierung der Schadsoftware basiert auf einem signaturbasierten und/oder heuristischen proaktiven Scan. Eine signaturbasierte Erkennung erfolgt mittels einer Datenbank, bei der bereits Signaturen bekannter Schadprogramme hinterlegt sind. Diese sind Byte-Folgen und der »Fingerabdruck« eines Schadprogramms. Heuristische Erkennung bedeutet, dass ein Antiviren-Programm Dateien auf eine allgemeine, von der Norm abweichende Struktur hin untersucht. Erkennt der Algorithmus auch Schadprogramme, für die es noch keine Signaturen gibt, bezeichnet man den Scan als »proaktiv«.

Zwar sind Software-Entwickler von Microsoft stets bemüht, ihre Sicherheitssoftware zu optimieren (zum Beispiel durch Microsoft Defender), allerdings kann man nicht erwarten, dass sie »Fremd-Software« wie Google Chrome oder Mozilla Produkte dabei mit Plug-ins und dergleichen unterstützen. Die meisten käuflich erworbenen Antiviren-Programme bieten eine Firewall-Funktion, die auch aufzeigt, welche Microsoft-Dienste »den Weg nach Hause suchen«, und was noch wichtiger ist, einen Webschutz für Mozilla Firefox oder Google Chrome. Weiterhin bieten die meisten Antiviren-Programme einen skalierbaren Schutz. Der User kann bestimmen, wie Scan-Operationen im Hintergrund ablaufen oder kann selbst entscheiden, welche ausgewählten Bereiche untersucht werden.

Schutzprogramme sind:

Avast, CZ; Avira, DE; Bitdefender, RO; Check Point, IL; E-SET, SK; FireEye, US; Fortinet, US; F-Secure, FI; G Data, DE; NCC Group, GB; Padvish, IR; Panda, ES; Qihoo 360, CN; Sophos, GB; Symantec, USA; Trend Micro, JP; TrustPort, CZ.

Siehe auch: IDS.

Synonym: Antivirus; Sicherheits-Software; Virenschutz.

Apache HTTP-Server

Name des verbreitetsten Web-Servers – erstmals veröffentlicht 1995. Apache ist eine Open-Source-Entwicklung und steht jedem kostenlos zur Verfügung.

Der Web-Server ist mit der Skriptsprache PHP und der Open-Source-Datenbank MySQL die weltweit am häufigsten eingesetzte Entwicklerumgebung für dynamische Webseiten.

Synonym: Web-Server.

Siehe auch: SQL Injection Attack.

API

Abk. für Application Programming Interface, dt. Anwendungs-Programmierschnittstelle. Schnittstelle, welche den Datenaustausch unterschiedlicher Programme ermöglicht.

Siehe auch: CLI | CMD | Shell | Bash.

Apple

US-amerikanisches Technologieunternehmen, gegr. am 01. April 1976 von Jobs, Steven Paul; Wozniak, Stephen Gary und Wayne, Ronald Gerald.

AppleTalk

Netzwerkprotokoll, 1983 von Apple entwickelt, ermöglichte die Kommunikation zwischen verschiedenen Apple-Geräten wie Macintosh-Computern, Druckern und Dateiservern.

Approximative Suche

Ähnlichkeitssuche.

Siehe auch: Fuzzy-Suche | Levenshtein-Distanz | Bloom-Filter.

APT

Abk. für Advanced Persistent Threat, dt. fortgeschrittene, andauernde Bedrohung. Zielgerichtete, komplexe Cyberattacken, die über einen längeren Zeitraum hinweg durchgeführt werden. Die Angreifer sind meist »state-sponsored«, also staatlich gesteuert.

Aramco Attack

Cyberattacke des Irans gegen den weltgrößten Ölkonzern: Saudi Aramco, – August 2012.

Archivbombe

Fachjargon für eine Schadsoftware, die unter bestimmten Faktoren oder durch einen Auslösemechanismus ein Archiv entpackt, in deren Folge der Arbeitsspeicher oder die Festplatte überflutet wird und der Server oder der Client-Computer abstürzt.

Synonym: Dekomprimierungsbombe.

ARP

Address Resolution Protocol. Netzwerkprotokoll im Bereich der IPv4-Adressierung. Tritt ein neuer Computer einem Ethernet-Netzwerk bei, wird ihm eine eindeutige IP-Adresse zugewiesen. Diese eindeutige Adressierbarkeit ist zur Identifizierung und Kommunikation notwendig.

Die Zuordnung: IP-Adresse zu einer MAC-Adresse übernimmt das ARP (Address Resolution Protocol) durch einen ARP-Cache. ARP sendet ein Anforderungspaket an alle Computer im LAN und fragt, ob einer der Computer diese bestimmte IP-Adresse verwendet. Erkennt ein Computer die IP-Adresse als seine eigene, sendet dieser seine MAC-Adresse als Antwort. Das ARP aktualisiert den ARP-Cache, um für zukünftige Anfragen das schnellere Bereitstellen zu gewährleisten. Um Speicherplatz zu sparen, werden Einträge von Computern, die derzeit nicht eingeschaltet sind, gelöscht. Hostcomputer, die ihre eigene IP-Adresse nicht kennen, können das Reverse-ARP-Protokoll (RARP) verwenden. RARP arbeitet in umgekehrter Richtung und kann zu einer bekannten MAC-Adresse die IP-Adresse ermitteln. Für die IPv6-Adressierung gibt es ein separates Netzwerkprotokoll, das Neighbor Discovery Protocol (NDP). Cyber-Angriffe, die auf das Address Resolution Protocol zielen, sind unter den Namen: ARP-Poisoning oder auch ARP-Spoofing bekannt.

Synonym: LAN-Adressierung; Netzwerkadressenzuordnung.

Siehe auch: MAC (Netzwerkadapter).

ARPA-Net

Abk. für Advanced Research Projects Agency Network. Dezentrales, militärisches, paketorientiertes Datennetz.

Wurde im Auftrag des US-Militärs im Jahre 1969 entwickelt und gilt heute als Vorläufer des Internets.

AS

Abk. für engl. Autonomous System. Unabhängiges Teilnetz innerhalb des Internets.

Assange, Julian Paul

Sicherheitsberater für Computertechnik, Journalist, Whistleblower, Wikileaks-Gründer, geb. am 03. Juli 1971 in der australischen Stadt Townsville.

Assembler

Computersprache der 2. Generation. Befehle bestehen aus dreibuchstabigen Abkürzungen – zum Beispiel »ADD« für Addition.

Synonym: Mnemotechnische Abkürzungen; Symbolsprache.

Asymmetrische Verfahren

Siehe: Kryptologie.

ATO

Account Take Over, also Kontoübernahme ist eine Angriffsmethode, bei der Internet-Betrüger über verschiedene Kanäle die Zahlungsdaten argloser Kunden stehlen: Betrüger »senden dir eine unerwartete Aufforderung zur Aktualisierung deiner Zahlungsinformationen oder zur Zahlung einer ausstehenden Rechnung für ein Produkt oder eine Dienstleistung, die du nicht bestellt hast. Sie drohen damit, den fälligen Betrag einzutreiben, wenn du deine Zahlungs- oder Kontoinformationen nicht zur Verfügung stellst.«[2]

Attribution

Zuordnung eines Cyberangriffs zu einem Urheber.

---

[2] it-daily.net/it-sicherheit, 4.8.23

Aufklärung, Nachrichtendienstliche-

Siehe: Behörden, Sicherheits- | GEOINT | HUMINT | SIGINT.

Ausfallsicherheit

Siehe: Datensicherheit | IT-Sicherheit | Schutzziele.

Ausfallzeit

Siehe: Downtime.

Auslobungs-Programm

Siehe: Bug Bounty Program.

Authentifizierung

Überprüfung der Identität eines Benutzers.

Siehe auch: Identifizierungsmethoden.

Authentifizierungsverfahren

Siehe: 2FA (Two Factor Authentication) | SSO (Single-Sign-On) | Passwort-Manager.

Authentication

Siehe: Identifizierung.

Authentizität

Nachweis über die Echtheit einer Software.

Synonym: Echtheitsüberprüfung.

Autorisierung

Festlegung, welche Bereiche und/oder Daten ein authentifizierter Benutzer verwenden kann.

Synonym: Zugriffsrecht; Erlaubnis.

Siehe auch: Certificate Authority (CA) | Account | Kompromittierung | Chipkarte.

Autorisierungs-Medium

Siehe: RFID | Chipkarte | Certificate Authority (CA) | HSM (Hardware Security Modul) | Elektronische Signaturen.

Avalanche

Kriminelles, international operierendes Bot-Netzwerks, aktiv: 2007 - 2016.

Awareness, Security-

Problembewusstsein für Cyber-Sicherheit.

B

Backbone, Internet-

Das Internet-Backbone ist das Gerüst des Internets und besteht aus autark verwalteten Teilnetzen, die wiederum über Knoten mit Glasfaserkabel einer hohen Bandbreite miteinander verbunden sind.

Backdoor-Trojaner

Fachjargon für eine Schadsoftware, die von einem Hacker bei dem ersten Eindringen in ein Computersystem platziert wird, um beim erneuten Eindringen in das System einen leichteren Zugang zu haben. Nicht selten ist mit der Schadsoftware eine illegitime Fernverwaltung des Computers verbunden.

Synonym: Trapdoor.

Backup

Siehe: Datensicherung.

Baidu

Chinesische Suchmaschine.

Siehe auch: Suchmaschine.

Baiting

Angriffsmethode, bei der ein Social Engineer infizierte USB-Sticks oder Ähnliches derart platziert, dass die Opfer diese aus Neugier mitnehmen. Die Opfer stecken die »Köder« in einen Arbeits- oder Heimcomputer, was zu einer automatischen Installation von Schadsoftware auf dem System führt.

Synonym: Köderangriff; Identitätsdiebstahl; Social-Hack.

Bandwidth Hogs

Übergroße Inanspruchnahme einer Internetverbindung, die den Zugriff auf andere Online-Dienste unmöglich macht.

Banking-Trojaner

Schadsoftware, die Zugangsdaten zu Bankkonten stiehlt.

Bash

Abk. für »Bourne again shell«, dt. wiedergeborene Shell. Default Kommandozeilen-Interpreter in Linux-Systemen.

Bashbleed

Siehe: Shellshock.

BASIC

Abk. für engl. Beginners All-Purpose Symbolic Instruction Code. Programmiersprache, urspr. 1965 für Schüler am Dartmouth College in New Hampshire / USA entwickelt.

Siehe: Visual Basic.

BDSG

Bundesdatenschutzgesetz. Gelten für öffentliche Stellen des Bundes und der Länder sowie für nichtöffentliche Stellen.[3]

---

[3] bmi.bund.de

Siehe auch: DSGVO (Datenschutz-Grundverordnung der Europäischen Union).

BEC

Business-E-Mail Compromise. Art von Computerbetrug, der oft damit beginnt, dass Angreifer die E-Mail-Konten eines Unternehmens hacken. Hochrangige Führungskräfte werden mit Phishing-Angriffen und Social-Engineering-Taktiken dazu verleitet, betrügerische Überweisungen durchzuführen oder Firmengeheimnisse preiszugeben. Um solchen Cyberattacken vorzubeugen, helfen Mitarbeiterschulungen.

Siehe auch: Social Engineering | Man-in-the-middle Attack.

Bedrohungserkennung

Siehe: IDS (Intrusion Detection System) | Antiviren-Programm.

Befehlsprozessor

Siehe: CMD.

Behörden, Regulierungs:

- **NIST**
  National Institute of Standards and Technology, US.
- **ITU**
  International Telecommunication Union, UN.
- **BEREC**
  Body of European Regulators for Electr.- Communications, EU.
- **BSI**
  Bundesamt für Sicherheit in der Informationstechnik, DE.
- **BnetzA**
  Bundesnetzagentur, DE.

Behörden, Sicherheits- / Deutschland:

- **BfV**, Bundesamt für Verfassungsschutz.
- **BKA**, Bundeskriminalamt.
- **BND**, Bundesnachrichtendienst.
- **BnetzA**, Bundesnetzagentur.
- **BSI**, Bundesamt für Sicherheit in der Informationstechnik.
- **MAD**, Militärische Abschirmdienst.
- **ZITiS**, Zentrale Stelle für Informationstechnik im Sicherheitsbereich.

Behörden, Sicherheits- / USA:

- **CIA,** Central Intelligence Agency.
- **CISA,** Cybersecurity & Infrastructure Security Agency.
- **DCGS**, Distributed Common Ground System.
- **DHS,** Department of Homeland Security.
- **DIA,** Defense Intelligence Agency.
- **FAA,** Federal Aviation Administration.
- **FEMA,** Federal Emergency Management Agency.
- **NASA,** National Aeronautics and Space Administration.
- **NCIJTF,** National Cyber Investigative Joint Task Force.
- **NCSC,** National Cyber Security Centre.
- **NCTC,** National Counterterrorism Center.
- **NGA,** National Geospatial-Intelligence Agency.
- **NRO,** National Reconaissance Office.
- **NSA,** National Security Agency.
- **USCYBERCOM,** United States Cyber Command.

Behörden, Sicherheits- / sonstige:

- **FAPSI,** Federalnaja Agentstvo Prawitelstwennoi Swjasi i Informacji, RUS.
- **GCHQ,** Government Communications Headquarters, GB.
- **Mossad,** Ha Mossad le Modiyn ve la Tafkidim Mayuhadim, IL.
- **NCA,** National Crime Agency, GB.
- **SEROCU,** South East Regional Organised Crime Unit, GB.

Behörden, zum Schutz von Rechten:
- **GEMA**, Gesellschaft für musikalische Aufführungs- und mechanische Vervielfältigungsrechte, DE.
- **Hadopi**, Haute Autorité pour la Diffusion des oeuvres et la Protection des Droits sur Internet, FR.

Beobachtungswerkzeuge

Siehe: Kryptohandy | Spionage-Apps | User Tracking | PRISM.

BEREC

Abk. für engl. Body of European Regulators for Electronic Communications. Regulierungsbehörde für elektronische Kommunikationsmärkte in Europa.

Berechtigung

Zugangsberechtigung zu Kommunikationsdiensten.

Synonym: Authorization; Authority; Autorisierung.

Siehe: Account | Passwort | Identifizierungsmethoden.

Bestätigungscode

Siehe: Verifizierungscode | Account.

Bewertungssystem, staatliches

Siehe: Social Credibility System.

BfV

Bundesamt für Verfassungsschutz, gegr. 1950.

BGP

Border Gateway Protocol. System, welches Diensteanbieter bereitstellt, damit Datenpakete im Internet ihren Weg finden.

Bibliothekskatalog, Elektronischer

Siehe: OPAC.

Bildschirmtastatur

Die Bildschirmtastatur lässt sich in Windows mit dem Shortcut [Windows] + [Strg] + [O] öffnen. Alternativ kann man den Befehl: »osk« in der PowerShell eingeben. Mit visualisierten Bildschirmtastaturen lassen sich schädliche Programme – zum Beispiel Keylogger – umgehen, die die Tasteneingaben von Passwörtern abfangen.

Siehe auch: Keylogger.

Bing

Suchmaschine des Tech-Konzerns Microsoft. »Bing« startete 2009 als Nachfolger von »Live Search«.

Siehe auch: SEO | Live Search | Microsoft Corporation | Suchmaschine.

Biometrie

Beinhaltet die Vermessung der quantitativen Merkmale von Menschen:

Iris, Fingerabdruck, Gesichtsfeld, Unterschrift, Sprach-Verhalten, Tippverhalten.

Siehe auch: Identifizierungsmethoden.

BIOS

Abk. für engl. Basic Input/Output System.

Siehe auch: UEFI.

BIT

Abk. für engl. Binary digIT, dt. Binär-Ziffer. 1 Bit ist die kleinste Informationseinheit in der Mikroprozessortechnik: Sie steht für zwei Zustände:

»Spannung« $\triangleq$ 1 oder für »keine Spannung« $\triangleq$ 0.

Zwei Zustände werden in der Mathematik durch das Duale Zahlensystem mit der Basis 2 dargestellt; 8 Bit werden zusammengefasst als 1 Byte. Mit einem Byte kann man $2\uparrow8$ = 256 Zustände darstellen: M=Mega, K=Kilo, G=Giga, T=Tera.

$2\uparrow10$ Byte = 1024 Byte $\triangleq$ 1 Kbyte

1 Kbyte = 8.192 Bit $\triangleq$ 8 Kbit

$2\uparrow20$ Byte = 1.048.576 Byte $\triangleq$ 1Mbyte

1Mbyte = 8.388.608 Bit $\triangleq$ 8 Mbit

$2\uparrow30$ Byte = 1.073.741.824 Byte $\triangleq$ 1 GByte

1 GByte = 8.589.934.592 Bit $\triangleq$ 8 Gbit

$2\uparrow40$ Byte = 1.099.511.627.776 Byte $\triangleq$ 1 Tbyte

1 Tbyte = 8.796.093.022.208 Bit $\triangleq$ 8 Tbit

Siehe auch: Duales Zahlensystem | Nibble | Oktett.

BKA

Bundeskriminalamt, gegr. 1951.

Black Basta

Name einer russischen Erpresserbande. Laut dem Sicherheitsdienstleister Trend Micro tauchte Black Basta erstmals im April 2022 auf, als ein Nutzer gleichen Namens in verschiedenen großen Untergrundforen aktiv nach Zugangsdaten für Unternehmensnetzwerke suchte. Er bot potenziellen Partnern eine Gewinnbeteiligung an. Eine herausragende Eigenschaft von Black Basta sei die individuelle Lösegeldforderung: für jedes ihrer Opfer benutzen die Cyber-Kriminellen eine eigene Binärdatei. Black Basta verzeichnete mehrere erfolgreiche Angriffe auf hochkarätige Unternehmen – darunter: Autovermietung Sixt, April 2022 | ein IT-Dienstleister der Deutschen Presse-Agentur, Oktober 2022 | Capita Group GB, März 2023 | Yellow Pages Group CA, April 2023 | ABB Group & Rheinmetall, Mai 2023.

Siehe auch: Digitale Erpressung | Ransomware.

BlackEnergy

Russische Hacker-Gruppierungen.

Siehe: Sandworm.

Black Hat

Netzjargon für einen kriminellen Hacker.

Blackout

Fachjargon für einen größeren Stromausfall.

Blockchain

Siehe: Kryptowährung.

Blockchiffre

Verschlüsselungsverfahren mit Datenblöcken fester Länge. Blockchiffre sind zum Beispiel die symmetrischen Krypto-Systeme: AES, DES oder IDEA.

Synonym: Blockverschlüsselung.

Blogpost

Netzjargon für eine chronologische Internetpublikation.

Synonym: Blog; Weblog; Internet- Journal; Online-Tagebuch.

Bloom-Filter

Der Bloom-Filter, entdeckt von Burton H. Bloom im Jahre 1970, findet heute in vielfältigen Formen immer wieder Verwendung, wenn große Datenmengen oder Datenströme zur Mustererkennung herangezogen werden.

Wobei die Ausgabewerte des Filters probabilistisch sind. Der Filter berechnet somit einen Grad an Sicherheit oder Unsicherheit bezüglich seines Auftretens: Ein Such-String ist entweder definitiv nicht in der Eingabemenge enthalten oder möglicherweise in der Menge enthalten. Bloom-Filter sind immer mit Hash-Funktionen realisiert.

Sie finden Verwendung bei:

- Erkennungsprozessen in Matching-Verfahren.
- Auswertungen von großen Datenströmen in Netzwerken.
- Skalierungen von Ähnlichkeitsmaßen in Datenbanksystemen.

Synonym: Datenanalyse; Muster-Erkennung; Matching-Verfahren; Strukturerkennung; Vergleichsfunktion; Ähnlichkeitsmaß.

Siehe auch: Hash | Levenshtein-Distanz.

Blue Boxing

Siehe: Phreak(er).

Blue Screen

Fehlerbildschirm auf einem Windows Betriebssystem.

Synonym: Blue Screen of Death; Systemfehler.

Blue Snarfing

Eine Methode, bei der ein Angreifer Schwachstellen im Blue-
tooth-Protokoll ausnutzt. Bei aktivierter Bluetooth-Funktion
können Angreifer dadurch unbefugt auf Daten zugreifen, die
auf Smartphones gespeichert sind.

Bluetooth

Funktechnologie zur Kommunikation zwischen Smart Home-
Geräten, externen Peripheriegeräten und Smartphones.

BND

Bundesnachrichtendienst. Geheimdienst der Bundesrepublik
Deutschland, gegr. April 1956.

BNetzA

BundesNetzAgentur. Behörde im Geschäftsbereich des Bun-
desministeriums für Wirtschaft und Energie,

mit Sitz in Bonn, gegr. 1998. Regulierungs- und Aufsichtsbehörde im Bereich: Telekommunikation, Energie, Post und Eisenbahn. Die Bundesnetzagentur ist die zuständige Aufsichtsbehörde für Anbieter von elektronischen Signaturen und Zertifikaten.

Synonym: Vertrauensdiensteanbieter.

Siehe auch: Certificate Authority (CA).

Booten

Der Boot-Vorgang ist der Startvorgang eines Computers. Startdateien werden hierbei nacheinander geladen und ausgeführt. Beim Hochfahren beginnt der Hauptprozessor damit, das BIOS oder das UEFI auszuführen. Danach wird ein startbares Laufwerk gesucht und der darin enthaltene Master-Boot-Record (MBR) ausgelesen.

Siehe auch: UEFI.

Bootsektor-Virus

Schadsoftware, die Startdateien befällt.

Bot / Botnet

Fachjargon für ein Computerprogramm, welches automatisierte Zugriffe auf Webseiten oder Webdienste durchführt, ohne menschliches Zutun.[4]

---

[4] bsi.bund.de/ Social Bots und Chat Bots | 21.11.21

Je nach seiner Verwendung unterscheidet man: Cancel-Bots, Chat-Bots, Spam-Bots, Spy-Bots, Searchbots, Meinungs- und Sozial-Bots. Spezielle Bots, die in einer schädigenden Art und Weise ohne Wissen der Inhaber auf deren Computer platziert wurden, sind Schadprogramme.

Diese agieren i.d.R. als ein (weltweiter) Verbund vernetzter, infizierter Computer. Ein Botnet-Server, der das Netzwerk fernsteuert, bezeichnet man als Command-and-Control-Server (C&C), infizierte Computer als Zombie-Rechner. Typische Botnetze verteilen Befehle zentral über einen Server an die Zombie-Rechner. Es gibt aber auch hoch spezialisierte Bot-netze, die nicht allein von den Servern abhängig sind: In die-sem Fall vernetzen sich infizierte Computer automatisch mit anderen infizierten Rechnern. Werden infizierte Rechner von Kriminellen derart aus der Ferne gesteuert, dass ein Ziel-Host durch das massenweise Versenden von IP-Paketen den Dienst verweigert, nennt man die Angriffsmethode: Distributed-De-nial-of-Service -Attack (DDoS).

Ein spezieller elektronischer Agent ist der Searchbot, auch Crawler genannt: Ein Programm, welches »im Auftrag« von Suchmaschinen das Internet nach elektronischen Ressourcen durchsucht und indiziert.

Synonym: Elektronischer Agent.

Siehe auch: Social Bots.

BPB

Bundeszentrale für politische Bildung, gegr. 1952.

Breakout Time

Fachjargon für die Zeitspanne zwischen dem ersten Eindringen in ein Computersystem und dem Zeitpunkt, wo die Hacker tatsächlich Schaden anrichten.

Breitbandübertragung

Siehe: Ethernet | Lichtwellenleiter.

Brin, Sergei Michailowitsch

Mitbegründer der Suchmaschine Google, geb. am 21. August 1973 in Moskau.

Siehe auch: Google.

Bronzenacht

Bürgerkriegsähnlicher Konflikt am 26. April 2007 in der estnischen Hauptstadt Tallinn zwischen Fundamentalisten der russischen Minderheit und Esten. Anstoß des Konflikts war ein Kriegerdenkmal im Zentrum der estnischen Hauptstadt: der Tallinner Bronzesoldat eines Rotarmisten.

Browser

Aus dem engl. »to browse« = sich umsehen, umblättern. Programm zum Betrachten von WWW-Inhalten, zum Beispiel: Google Chrome, Apple Safari, Microsoft Edge, Mozilla Firefox, Samsung Internet, Opera.

Browser-Plug-In

Siehe: Plug-In

Brute-Force-Attack

Dt. Angriff mit brutaler Gewalt. Angriffsmethode, bei der ein Crack-Programm konsequent, aber zeit- und rechenintensiv, den gesamten Schlüsselraum durchläuft, bis der richtige Wert gefunden wurde. Im Gegensatz dazu werden bei einem »Wörterbuch-Angriff« dem Crack-Programm spezielle Listen mit Wörtern vorgegeben, die im ursprünglichen Sinn auch in einem Wörterbuch stehen könnten.

Die Listen sind meist spezialisiert auf eine Sprache, einem Themengebiet, oft genutzten Passwörtern, Namen bekannter Persönlichkeiten, Zitaten etc. Ähnlich dem Wörterbuch-Angriff werden bei der Angriffsmethode »Brute Force with Mask Attack« einem Crack-Programm gezielt Wörter oder Buchstaben-Kombinationen vorgegeben. Diese basieren i.d.R. auf Vermutungen oder stammen aus einem Datendiebstahl eines anderen Systems (Credential Stuffing).

Werden wenige Passwörter auf eine große Anzahl von Benutzerkonten ausprobiert, spricht man von Password-Spraying. Eine der bekanntesten Attacken in diesem Bereich war eine »böswillige Aktivität«[5] gegen die Unternehmenssysteme von Microsoft: Ende November 2023 nutzten russische Bedrohungsakteure einen Passwort-Spray-Angriff, um ein altes, nicht produktives Testkonto zu kompromittieren. Laut Microsoft nutzten die Bedrohungsakteure dann die Berechtigungen des Kontos, um auf andere Unternehmens-E-Mail-Konten zuzugreifen.

---

[5] msrc.microsoft.com, 19.1.24

Darunter seien auch leitende Mitglieder in den Bereichen Cybersicherheit gewesen. Microsoft benannte die Angreifer am 19. Januar 2024 als »Midnight Blizzard« bzw. als Nobelium.

Synonym: Lexical-Attack.

BSI

Bundesamt für Sicherheit in der Informationstechnik. Zentraler IT-Sicherheitsdienstleister des Bundesmit mit derzeit[6] 1.441 Mitarbeiterinnen, gegr. Jan. 1991.

Synonym: Cyber-Sicherheitsbehörde.

BTC

Abk. für engl. BitCoin, dt. digitale Münze, digitale Währung. Die digitale Währung BitCoin wurde im Jahre 2008 erstmalig von seinem Erfinder Satoshi Nakamoto dokumentiert. »Satoshi Nakamoto« ist ein Pseudonym. Die wahre Identität des Erfinders ist unbekannt. Eigentümer der Bitcoins besitzen einen öffentlichen und einen privaten Schlüssel.

Ferner sind BitCoin-Nutzer Teil eines Netzwerkes. Bei einer Transaktion werden die öffentlichen Schlüssel ausgetauscht und mit dem privaten Schlüssel signiert. Bei Online-Geldbörsen können die Nutzer ihr virtuelles Geld deponieren und Transaktionen leichter durchführen. Ähnlich wie im realen Leben bedeutet der Verlust der Daten, insbesondere der des privaten Schlüssels, den Verlust des Geldes.

---

[6] 21.9.2023

Es kam in der Vergangenheit immer wieder vor, dass Bitcoin-Dienste Opfer eines Hacks wurden und sämtliche Vermögenswerte der Anleger verloren gingen. Eine Übersicht gehackter Bitcoin-Börsen:

MtGox.com | Allinvain, Juni 2011; ¶ MyBitcoin.com, August 2011; ¶ bitcointalk.org, September 2011; ¶ Bitcoinica | Linode (Cloud-Anbieter), März 2012; ¶ BitFloor | Bitcoinica, Juni 2012; ¶ bitcoin-central.net | Ozcoin Mining Pool | Instawallet | MtGox.com, April 2013; ¶ Inputs.io | BIPS | Picostocks, November 2013; ¶ CoinTerra | MtGox.com | Poloniex, Jan – März. 2014; ¶ ShapeShift, März 2016; ¶ BITFinex, August 2016; ¶ Bancor, Januar2018 | Juli 2018; ¶ LocalBitcoins | Cryptopia, Januar 2019; ¶ Coinmama, Februar 2019; ¶ Bithumb | CoinBene | DragonEx März 2019; ¶ Binance, Mai 2019; ¶ GateHub, Juni 2019; ¶ BiTrue | UpBit | VinDax, November 2019; ¶ KuCoin, September 2020; ¶ Thodex, April 2021; ¶ Cropy.com, Januar 2022;[7]¶

Siehe auch: Kryptowährung.

Buffer-Overflow

Dt. Pufferüberlauf. Fehlverhalten der Programmierung, welche Hacker ausnutzen, indem sie eine zu große Datenmenge in einen Teil des Arbeitsspeichers schreiben.

Bei diesem Vorgang werden andere Funktionen derart beeinträchtigt, dass der Angreifer einen beliebigen Programmcode ausführen kann.

Synonym: Buffer Overrun.

---

[7] Vgl. Theguardian, Alex Hern | finanzsache, Martin Fiedler

Bug

Dt. Wanze. Fachjargon für System- und Programmfehler.

Bug Bounty Program

Auslobungsprogramm für Sicherheitslücken. Bug-Bounty-Programme sind Initiativen von Unternehmen, die sich an White-Hat-Hacker richten. Diese bekommen ein »Kopfgeld« für die Identifizierung eines Programmierfehlers. Unternehmen wird damit ermöglicht, Fehler zu beheben, bevor ein Schaden durch kriminelle Hacker entsteht.

Synonym: Kopfgeld-Programm.

Bullying

Aus dem engl. »to bully« = schikanieren, drangsalieren.

Siehe: Cyber-Mobbing.

Bundestags-Hack

Im April 2015 infiltrierten Hacker die Microsoft-Netzwerke des Deutschen Bundestages. Das Netz umfasste 5600 Computer; rund 12.000 Nutzer waren registriert.[8] Der 30. April sei laut BSI der Tag der Erstinfektion.

Der damalige Präsident Michael Hange berichtete in einem Tagesordnungspunkt der IuK-Kommission im Juni 2015, »dass sich am 5. Mai 2015 die Täter auf dem Domaincontroller und einer Admin-Workstation angemeldet und das Tool „mimikatz", ein über das Internet erhältliches Programm zur Ermittlung von Passwörtern, eingesetzt haben.

---

[8] Süddeutsche Zeitung / Florian Flade, Georg Mascolo

Mit Hilfe extrahierter Passwörter und diverser Remote Desktop Programme seien die Angreifer dann am 6. Mai 2015 auf andere Server gelangt.« Die Süddeutsche Zeitung[9] schreibt dazu: »An diesem Tag warfen die Hacker ihren Köder aus (…). Mehrere Abgeordnete des Bundestages bekamen nahezu gleichzeitig eine E-Mail, deren Absenderadresse auf „@un.org" endete. Sie wirkte wie eine echte Mail der Vereinten Nationen, in der Betreffzeile stand: „Ukraine conflict with Russia leaves economy in ruins". In der E-Mail befand sich ein Link zu einer angeblichen UN-Webseite. Tatsächlich aber war die Seite mit einer Schadsoftware präpariert, die sich unbemerkt auf dem Computer installierte, sobald man sie anklickte.« Laut der Süddeutschen Zeitung präsentierten BKA-Ermittler im Mai 2020 »das Ergebnis ihrer jahrelangen Arbeit. Man habe zwei russische Hacker identifiziert und könne ihnen die Beteiligung an Cyberangriffen in Deutschland nachweisen.«

BundID-Konto

Siehe: Verwaltungskonto für Bürger.

Burner-Phones

Engl. Fachjargon für »Wegwerf-Handy«.

---

[9] 5.5.2020

C

C&C

Abk. für engl. Command & Control Server. Computer, der ein Botnet fernsteuert.

Siehe auch: Bot / Botnet.

CCDCOE

Abk. für engl. Cooperative Cyber Defence Centre of Excellence. Kompetenzzentrum für Cyber-Verteidigung, gegr. am 14. Mai 2008 mit den 7 NATO-Staaten: Deutschland, Estland, Italien, Lettland, Litauen, Slowakei und Spanien. Das Kompetenzzentrum stellt unter anderem Bildungs- und Forschungsinhalte im Bereich der Cyber-Kriegsführung den NATO-Mitgliedern zur Verfügung. Das CCDCOE hat seinen Sitz in der estnischen Hauptstadt Tallinn.

Cache

Schneller Zwischenspeicher. Caches können serverseitig als Web-Cache Funktionalität ausgebildet sein, zum Beispiel in Content Delivery-Netzwerken, oder in Clientrechner implementiert sein, zum Beispiel als Festplatten-Cache, Prozessor-Cache oder Browser-Cache. Caching kommt immer dann zum Einsatz, wenn gleiche Daten erneut aufgerufen werden. Die prozessnahe Zwischenspeicherung ermöglicht eine schnelle Datenübertragung und somit eine Erhöhung der Verarbeitungs-Geschwindigkeit.

Eröffnet aber immer dann eklatante Sicherheitslücken, wenn unautorisierte Programme auf den Cache Zugriff haben.

Temporäre Zwischenspeicherung einer Namensauflösung in der Windows-Konsole:

1. Zeigt den Inhalt des lokalen DNS-Auflösungscaches an:
   ipconfig /displaydns
2. Leert den lokalen DNS-Auflösungscache:
   ipconfig /flushdns

Siehe: DNS-Caching | Side-Channel Attack | Web-Cache Deception Attack.

Cache Poisoning

Siehe: DNS-Spoofing.

CAD

Computer Aided Design. Computerunterstütztes Zeichnen. Anwendungsprogramm mit dessen Hilfe komplexe Konstruktionszeichnungen erstellt werden.

Captcha

Abk. für engl. Completely Automated Public Turing test to tell Computers and Humans Apart.

Sicherheitsabfrage, meist bildbasierter Rätsel oder Grafiken, die der Nutzer lösen oder erkennen muss. Erst wenn der Nutzer das Captcha richtig gelöst hat, kann er mit den nächsten Schritten auf der Website fortfahren. Auf diese Weise stellen die Diensteanbieter sicher, dass der Aufruf der Website von einem Menschen und nicht von einem Computerprogramm stammt: Verhindert werden damit automatisierte Registrierungen und Speicherungen.

Synonym: Sicherheitsabfrage.

Carbanak

Seit 2016 auch: »Cobalt«. Der Name betitelte im Umfeld der organisierten Kriminalität eine Hacker-Gruppe sowie deren Schadsoftware. Die Hacker kompromittierten weltweit 100 Geldinstitute in 20 Ländern und erbeuteten dabei ca. eine Milliarde US-Dollar - aktiv seit ca. 2013.

Catcher

Siehe auch: Wardriving | MSI-Catcher | NewsTweek | MITM-Attack.

CCC

Chaos Computer Club, 1981 von Wau Holland gegründet. Credo des Vereins ist: »Wir verwirklichen so weit wie möglich das neue Menschenrecht auf zumindest weltweiten freien, unbehinderten Informationsaustausch (Freiheit für die Daten) unter ausnahmslos allen Menschen und anderen intelligenten Lebewesen« – aus der Datenschleuder vom 01. Januar 1984.

CDN

Abk. für engl. Content Delivery Network. Hierunter versteht man ein weltweites Netzwerk von Servern, die Daten aus Performance- oder Kosten-Optimierung zwischenspeichern.

Synonym: Content Distribution Network.

Siehe auch: Cache.

CEA

Abk. für frz. Commissariat à l'énergie Atomique. Französische Atomenergiebehörde.

Cell Broadcast

Mit Cell Broadcast können Handys und Smartphone eine Warnmeldung im Katastrophenfall erhalten.

»Die für die Warnung bei Katastrophen zuständigen Behörden der Länder warnen (…) im Auftrag des Bundes auch vor den besonderen Gefahren, die der Bevölkerung in einem Verteidigungsfall drohen.«[10]

CERT

Abk. für engl. Computer Emergency Response Team, dt. Notruf-Team für Computer.

Synonym: Computer-Notfallteam; Reaktionsteam; Computer Security Incident Response Team (CSIRT).

Certificate Authority (CA)

Dt. »Zertifizierungsstelle«. Instanz, die für die Identitätsprüfung, Zuweisung und Bereitstellung digitaler Zertifikate verantwortlich ist. Ein Digital-Zertifikat ist eine elektronische Bescheinigung. Sie bestätigt mit einem Signatur-Prüfschlüssel, dass die Software oder der Dienst von einer vertrauenswürdigen Quelle stammt. Digitale Zertifikate dienen damit der Absicherung der Kommunikation, was aber keine Aussage über die Qualität oder die Richtigkeit der zu übermittelten Daten darstellt. Digitale Zertifikate enthalten: Namen der Zertifizierungsstelle, Signatur-Prüfschlüssel, Ablaufdatum.

Synonym: Zertifizierungsdiensteanbieter; Trust-Center; Code Signing; Zertifizierungsstelle; Vertrauens-Diensteanbieter.

---

[10] Deutscher Bundestag (19/32039), 20.8.21

CGI

Abk. für engl. Common Gateway Interface. Serverseitige Skriptsprache mit deren Hilfe dynamische Inhalte eines Webservers gesteuert werden.

Chat

Siehe: Messenger / Chat.

Chinesische Volksbefreiungsarmee

Siehe: PLA.

Chiffre / Chiffrieren

Klartext in Geheimschrift umwandeln.

Synonym: verschlüsseln; codieren; encodieren; kryptieren.

Siehe: Schlüssel.

Chipkarte

Eine Chipkarte ist eine Kunststoffkarte mit Speicher und/oder mit integriertem Prozessor. Sie kann als Identifikations-Dokument und Aufbewahrungsmedium für Daten dienen, wie zum Beispiel bei der Gesundheitskarte (eGK) oder als elektronisches Autorisierungs-Medium mit kryptografischen Fähigkeiten fungieren. Eine Chipkarte mit kryptografischen Fähigkeiten enthält private Schlüssel und Zertifikate.

Ebenso finden Chipkarten eine weite Verbreitung als Geld- oder Cash-Karte im Bankensektor,

als SIM-Karte in Mobiltelefonen und als integrierter Bestandteil des elektronischen Personalausweises (nPA).

Synonym: Debitkarte; Smartcard; Identifizierungskarte; e-
Card; Autorisierung.

Siehe auch: Certificate Authority (CA) | nPA.

Chipping

Fachjargon für das Einbringen von schadhaftem Code in Mikroprozessoren während der Herstellung.

Chunked Transfer Encoding

Gestückelte, paketorientierte Übertragungsart von HTTP-
Nachrichten.

CIA

Abk. für engl. Central Intelligence Agency. US-amerikanischer Auslandsgeheimdienst, gegr. 1947.

CIA-Triad

Abk. für engl. Confidentiality, Integrity, Availability, dt. Vertraulichkeit, Integrität, Verfügbarkeit.

Synonym: Datensicherheit; Informationssicherheit.

Siehe auch: Schutzziele.

Ciphertext

Dt. Geheimtext.

Synonym: Chiffrat; Chiffre; Chiffretext.

Siehe auch: Chiffrieren | Kryptologie | Schlüssel.

CIR

Abk. für Cyber und Informationsraum.

CISA

Abk. für engl. Cybersecurity & Infrastructure Security Agency. Aufgaben der US-Behörde ist das Identifizieren und Bekämpfen von Cyberattacken, gegr. 16. November 2018.

Clarke, Richard Alan

Ehemaliger US-Koordinator für Sicherheit und Terrorismus-Bekämpfung, geb. am 27. Oktober 1950.

CLI

Abk. für engl. Command-Line-Interpreter. Dt. Kommando-Zeilen Interpreter. Textbasiertes Programm, welches die Eingabe von Befehlen ermöglicht und diese direkt an das Betriebssystem weitergibt.

Synonym: Befehlszeileninterpreter; Konsole; Shell.

Siehe auch: CMD | Shell | Bash.

CLIR

Abk. für engl. Calling Line Identification Restriction. Dt. Rufnummernunterdrückung.

Client

System- oder Anwendungsprogramm eines Computers, welches in einem Netzwerk Dienste von einem Server in Anspruch nimmt.

Vereinfacht gesagt ist der Client ein privater Rechner oder ein Arbeitsplatzrechner.

Synonym: Arbeitsstation; Arbeitsplatzrechner.

Clientseitige Skriptsprachen

Clientseitige Skriptsprache sind: HTML, Java-Script, VBScript und ActionScript/Adobe Flash.

Siehe auch: Interpreter.

Cloaking

Engl. verhüllen. Fachjargon für eine Suchmaschinen-Optimierung, bei der Websites unterschiedliche Inhalte für Suchmaschinen und Besucher generieren.

Cloud-Computing

Fachjargon für ein Bereitstellungsmodell von Apps, Speicherdiensten und Programmier-Umgebungen auf externen Servern.

Synonym: Web Storage; IT-Outsourcing.

CMD

Abk. für engl. Command, dt. Befehl. »Cmd.exe« ist ein von Microsoft entwickelter Kommandozeilen-Interpreter, der seine Wurzeln in der frühen »DOS-Phase« hat.

Im Prinzip ersetzt die neue »PowerShell« den alten Windows-Kommandozeilen-Interpreter. Startet man die PowerShell, öffnet sich eine Kommandozeile. In dieser können Skript-Dateien der Formate CMD und BAT erstellt, oder einfach nur Befehle ausgeführt werden.

Zum Beispiel

Netzwerkbefehle wie »ping«

⇨ »Kommandozeilen-Befehl« + Leerzeichen + »/?« listet Parameter auf, die alle Variationen des Befehls anzeigen.

⇨ »ipconfig /all« alle Ethernet-Adapter sowie deren TCP/IP Netzwerk-Konfigurationswerte.

⇨ »nslookup«, -zeigt den aktuellen DNS-Server.

Unterstützt werden auch ältere DOS-Befehle in der PowerShell - zum Beispiel:

⇨ »CLS«, für engl. »CLear Screen« -leert den Bildschirm.

⇨ »exit« beendet die Kommandozeile.

⇨ »STRG(Control) + C« bricht immer die aktuelle Programmausführung ab. Des Weiteren können Dienstprogramme aufgerufen werden: zum Beispiel:

⇨ »dxdiag«, ein Diagnosetool für DirectX-Komponenten.

⇨ »Get-AppxPackage« ruft eine Liste der Programm-Pakete ab, die einem Benutzerprofil zugeordnet sind.

⇨ »Get-AppxPackage Microsoft.YourPhone -AllUsers | Remove-AppxPackage« löscht das Hintergrund-Programm: »YourPhone.exe« für alle Benutzerprofile (PowerShell mit Administratorrechten starten).

Das Linux-Pendant zu der PowerShell ist die »Shell«. Die PowerShell bietet einen äußerst leistungsstarken Mechanismus zur Systemverwaltung. Ein Missbrauch ihrer Funktionen kann deshalb auch die Systemsicherheit erheblich beeinträchtigen. Dank ihrer präzisen Syntax kann ein Angreifer komplexe und bösartige Aktionen auf einfache und effiziente Weise durchführen.

Dies macht die PowerShell aus Angreifer-Sicht besonders attraktiv: Im Prinzip ist die PowerShell nicht deaktivierbar - aus Sicherheitsgründen kann der Zugang zur PowerShell über Gruppenrichtlinien oder über den Registrierungs-Editor gesperrt werden.

Synonym: Prompt; Konsolenbefehl; Kommandozeilen-Befehl; Terminal; Windows-Konsole; Befehlszeilen-Schnittstelle; Eingabeaufforderung; Befehlsprozessor.

Siehe auch: Shell | Ping | ipconfig.

CMOS-Viren

Schadsoftware, die den CMOS-Speicher löscht oder verändert.

CMS

Content-Management-System, dt. Inhaltsverwaltungssystem. System zum Erstellen von Webpublikationen.

Synonym: Web-Content-Management-System.

Siehe auch: Joomla | TYPO3 | WordPress.

CNA

Abk. für engl. Computer Network Attack = Computer Netzwerk Angriff.

CNE

Computer Network Exploitation. Informationsbeschaffung durch das Ausspähen von Computernetzwerken.

Siehe auch: Informationsbeschaffung, Illegale-.

CNO

Abk. für Computer Netzwerk Operationen. Organisations-Bereich des Cyber- und Informationsraums der deutschen Bundeswehr.

Synonym: Cyber-Krieger-Einsatztruppe.

Cobalt

Siehe: Carbanak.

COBOL

Abk. für engl. Common Business Oriented Language.

Höhere Programmiersprache für betriebswirtschaftliche Anwendungen. Wesentlich an der Entwicklung beteiligt waren die Informatik-Wissenschaftlerin Grace Hopper und das amerikanische Verteidigungsministerium. Entwickelt ab: 1959. Erstmalig veröffentlicht 1968.

Code

Siehe: Quellcode.

Code Injection Attacks

Bösartiger Code wird in den laufenden Prozess eines Ziel-Programms eingeschleust. Einige der häufigsten Arten von Injection-Angriffen sind SQL Injection, Cross Site Scripting und Command Injection Attacks.

Siehe: SQL Injection Attack | Cross Site Scripting | Command Injection | DLL-Injection.

Codec

Gebildet aus der englischen Wortreihe »Coder« und

»Decoder«, was so viel bedeutet wie »Verschlüsselung und Entschlüsselung«. Codec ist ein kleiner Programmteil einer Text-Datei - i.d.R. zur Komprimierung von Musik, Sprache, Video oder Grafik. Mehrere Codecs können in einer Containerdatei zusammengefasst werden. Diese beeinflusst die Datenstruktur, die Kompatibilität sowie die Art der Datenkompression zu den Multimedia-Wiedergabegeräten.

Codeschloss

Siehe: PIN.

Codierung

Verschlüsselung.

Siehe auch: Datenverschlüsselung | Chiffrieren | Kryptologie | Schlüssel | Schlüsselaustauschproblem.

Cold Boot Attack

Dt. Kaltstartangriff. Seitenkanalattacke, bei der ein Angreifer den Arbeitsspeicher ausliest, nachdem dieser von der Stromzufuhr getrennt wurde. Bei dieser Angriffsmethode ist der Angreifer im Besitz der Hardware.

Synonym: Reset-Angriff.

Siehe auch: Side-Channel Attack.

Command Injection

Liegt vor, wenn Daten von einer nicht vertrauenswürdigen Quelle in eine Anwendung gelangt oder Bedrohungsakteure veranlassen, dass Zeichenfolgen, die normalerweise als Daten gehandhabt werden, von einer Anwendung als Befehl ausgeführt werden. Durch die Ausführung erhält der Angreifer ein Privileg oder eine Fähigkeit, die er sonst nicht hätte.

Synonym: Code Injection.

Command Prompt

Siehe: CMD.

Compiler

Übersetzt Programmcode einer höheren Programmiersprache in den Objektcode einer Maschinensprache.

Eine wichtige Aufgabe des Compilers besteht darin, sowohl die formale Richtigschreibung (Syntax), als auch die Ausführbarkeit des Programmcodes (Laufzeit) zu überprüfen. Compiler-Sprachen sind: C++, C[Raute], Java, Fortran, COBOL. Synonym: Programmübersetzer.

Computerbetrug

Siehe: Cybercrime.

Computerforensik

Siehe: IT-Forensik.

Computersabotage

Computersabotage ist in Deutschland gemäß StGB, wer rechtswidrig Daten löscht, unterdrückt, unbrauchbar macht oder Daten in der Absicht, einem anderen Nachteil zuzufügen, eingibt oder übermittelt, eine Datenverarbeitungsanlage oder einen Datenträger zerstört, beschädigt, unbrauchbar macht, beseitigt oder verändert. Computersabotage ist in Deutschland ein Vergehen, welches mit Freiheitsstrafen bis zu drei Jahren, in besonders schweren Fällen mit bis zu zehn Jahren oder einer Geldstrafe geahndet wird.

Siehe auch: Cybercrime | IT-Forensik.

Computervirus

Schadsoftware, die selbständig Computersysteme befällt und Schäden verursacht und/oder Identitätsdaten und Passwörter an den Verursacher zurücksendet.

Siehe auch: Malware.

Connected Home over IP

Bezeichnet IP-basierte Smart-Home-Standards der Unternehmen: Amazon, Apple, Comcast, Google, IKEA, Kroger Co, LEEDARSON, Legrand, Lutron Electronics, MMB Networks, NXP Semiconductors, Resideo, Schneider Electric, Signify, Silicon Labs, SmartThings, Somfy, Texas Instruments, Wulian.

Synonym: Smart-Home-Standard; Datenübergabeformat.

Constructor Programme

Schadsoftware, die selbständig schädlichen Programmcodes erzeugen.

Conficker/Kido

Computer-Wurm, der Netzwerkfreigaben und mobile Datenträger von Windows-Betriebssystemen befällt, entdeckt 2008.

ConstantContact

E-Mail-Marketingdienst.

Content-Spoofing

Fälschen von Inhalten einer Online-Publikation.

Siehe auch: Defacen / Defacements | NewsTweek | Address-Spoofing | DNS-Spoofing | IP-Spoofing | Spoofing.

Cookies

Dt. Kekse. Fachjargon für Textdateien, die von Webservern auf Clientrechnern angelegt und verwaltet werden. Sie dienen der Erfassung von Aktivitätsspuren, der Personalisierung, der Identifikation und Authentifizierung. In der Regel enthält die Textdatei eine Zufalls-generierte Nummer (ID), welche den Registrierungsdaten des Nutzers zugeordnet ist.

Grundsätzlich unterscheidet man First-Party-Cookies und Third-Party-Cookies. First-Party-Cookies erzeugt der Websitebetreiber beim Aufrufen einer Website; ist diese an eine einmalig generierte Session-ID gebunden, spricht man von Session- bzw. Authentifizierungs-Cookies. Sie ermöglichen dem Nutzer, ohne weiteren Log-in die Webanwendung zu nutzen.

Third-Party-Cookies stammen von Drittanbietern, sind serverübergreifend und damit auch hauptsächlich für die Aktivitätenverfolgung verantwortlich.

Flash-Cookies, auch Local Shared Objects (LSO), »Super-Cookies« oder »Zombie-Cookies« genannt, sind browserunabhängige Textdateien, die über den Adobe Flash Player auf Clientrechnern angelegt und verwaltet werden.

Synonym: Online Identifikator; Aktivitätenverfolgung; Wegmarken; Webanalysedienst.

Siehe auch: Session-ID | User Tracking | Popup | DNT (Do Not Track).

Covert Channel Attacks

Dt. verdeckte Kanalangriffe. Angriffsszenario, dem Zugrunde liegt, dass bei der regulären Übermittlung von Informationen auch unautorisierte Informationen übertragen werden.

Siehe auch: Side-Channel Attack | Timing Attack.

Cozy Bear

Russische Hacker-Gruppe, bekannt unter dem Namen »APT 29« & »Cozy Duke«.

Siehe auch: Russische Hacker-Gruppierungen.

Crack / Cracker

Engl. crack = knacken oder brechen. Crack ist die Kopie eines Spiels oder Anwendungsprogramms, dessen Kopier- oder Zugriffsbeschränkungen beseitigt wurden. Cracker ist urspr. jmd. der Schutzmechanismen umgeht und die (Cracker-) Szene mit Raubkopien (Cracks) beliefert. oder jmd., der unautorisiert in Computersysteme einbricht.

Siehe auch: Hacking / Hacker.

Crackdown, Internet-

Zusammenbruch des Internets.

Synonym: Internetblackout.

Crunch

Crunch ist ein Linux-basierender Zeichen-Generator und ursprünglich gedacht, um Passwörter zu erzeugen.

Synonym: Wordlist-Generator; Password-Generator.

Crawler

Aus dem engl. »to crawl about« = herumkrabbeln. Programme, welche »im Auftrag« von Suchmaschinen das Internet nach elektronischen Ressourcen durchsuchen und indizieren.

Synonym: Webcrawler; Spider; Searchbot; Bot.

Siehe auch: Suchmaschine | Bot / Botnet.

Crimeware

Gebildet aus der englischen Wortreihe »Criminal« und »Software«: Schadsoftware, die Cyberkriminelle nutzen.

Synonym: Malware.

Cross Site Scripting (XSS)

Die Bezeichnung »Cross-Site« bezieht sich darauf, dass ein Angriff zwischen den Aufrufen zweier Websites stattfindet. Diese sind zum einen, die vom User aufgerufene Website, etwa die einer Bank, bei der er auch eingeloggt ist, und zum anderen, eine zweite, vom Angreifer manipulierte Website. Bei dieser Angriffsmethode nutzt der Angreifer Schwachstellen im Browser aus, mit dem Ziel, die Session-Cookies der ersten Seite zu übernehmen und damit vollen Zugriff auf das Bankkonto zu erhalten. »Scripting« ist vereinfacht gesagt das Ausnutzen von Schwachstellen in clientseitigen Skriptsprachen.

Ähnliche Vorgehensweisen finden sich bei Cross Site Request Forgery (XSRF) -Attacken, wobei hier bereits ein Klick oder die Aktivierung eines manipulierten Links genügt.

Cryptojacking

Betrügerische Generierung einer Kryptowährung.

CSS

Abk. für engl. Content Scramble System. Verschlüsselungs-verfahren für DVDs, entwickelt 1996.

Siehe auch: Kopierschutz.

CVE

Common Vulnerabilities and Exposures. Liste öffentlich bekannter Computersicherheitslücken. CVEs helfen IT-Experten dabei, ihre Bemühungen zur Priorisierung und Behebung dieser Schwachstellen zu koordinieren, um Computersysteme sicherer zu machen. Das CVE-Programm wird von der US-amerikanischen MITRE Corporation überwacht und von der Cybersecurity and Infrastructure Security Agency (CISA), einem Teil des US-Heimatschutzministeriums, finanziert. Oftmals wird eine CVE-ID zugewiesen, bevor ein Sicherheitshinweis veröffentlicht wird. Es ist üblich, dass Anbieter Sicherheitslücken geheim halten, bis eine Lösung entwickelt und getestet wurde. Dies verringert die Möglichkeiten für Angreifer, ungepatchte Schwachstellen auszunutzen.[11]

Synonym: Sicherheitslücke; Schwachstellen.

CWA

Abk. für Crackas With Attitude. Jugendliche Hackergruppe, 01. Juni 2015 - 09. Februar 2016.

---

[11] redhat.com/en/topics/security/what-is-cve

CX52

Mechanische Rotor-Chiffriermaschine der Crypto AG.
Siehe: Rubikon, Operation.

Cyberagentur

Siehe: ADIC | Behörden, Sicherheits-.

Cyberattacke

Angriff im Cyber- und Informationsraum zum Zweck der illegalen Informationsbeschaffung, der Datenmanipulation, der Datenzerstörung, der Beeinträchtigung oder der Blockade von Informations- und Kommunikations-Infrastrukturen.
Synonym: Cyberangriff; Cyberbedrohung.

Cyberbunker

Der Name Cyberbunker steht im Zusammenhang eines Webhosting-Unternehmens, welches Mitte der 90er-Jahre gegründet wurde. Überdies standen damit zwei Personen in Verbindung: Sven Olaf Kamphuis und Herman Johan Xennt, beide Niederländer.

Kamphuis registrierte Mitte der 90er-Jahre den Provider »CB3ROB Ltd. & Co. KG« und galt 1999 als Hauptakteur beim Aufbau von Cyberbunker. Das Unternehmen war zeitweilig in einem ehemaligen niederländischen NATO-Bunker ansässig. Zu den Kunden von Cyberbunker gehörte unter anderem die illegale Torrent-Tauschbörse »The Pirate Bay«, welche im Mai 2010 von einem deutschen Gericht geschlossen wurde – zeitweise Wikileaks.

Herman Johan Xennt (aka. BOBO) kaufte 2013 eine Bunker-anlage der deutschen Bundeswehr für 450.000 EUR im pfälzischen Traben-Trabach. Er betrieb dort – ähnlich wie zuvor Kamphuis – ein illegales Rechenzentrum, welches einen Teil des Darknets darstellte. Xennt galt als ein »langjähriger Geschäftspartner« von Sven Olaf Kamphuis: Nach eigenen Angaben habe ihn Kamphuis auf den Gedanken gebracht, die Bunker als »bullett proof hoster« zu vermarkten. Mit dem Namen Cyberbunker warb er im Darknet für ein »sicheres« Hosting von illegalen Seiten und suggerierte seiner dubiosen Kundschaft, Anonymität und dass die Datenzentren innerhalb des Bunkers auch vor der deutschen Justiz sicher seien.

Bereits zwei Jahre nach der Inbetriebnahme des Traben-Trarbacher Cyberbunkers kam Johan Xennt und seine dubiosen Dienste im Darknet in den Fokus von Polizei und Staatsanwaltschaft:

Nach 4 Jahren Ermittlungszeit erfolgt der Zugriff am 26. September 2019. GSG-9 Beamte stürmten den Bunker und sicherten ca. 400 Server mit 2 Millionen Gigabyte Daten. Gleichzeitig verhafteten Beamte in Zivil die Hauptangeklagten. Möglich war die Beweissicherung nur, weil die Ermittler vorab die Netzwerkknoten des Bunkers zum Internet anzapften und einen Spitzel in den inneren Kreis der Tatverdächtigen einschleusten.

Im Dezember 2021 verhängte das Landgericht Trier, wegen Bildung einer kriminellen Vereinigung und Beihilfe zum Drogenhandel, Urteile gegen acht Angeklagte. Herman Johan Xennt, der Hauptangeklagte, erhielt fünf Jahre und neun Monate Haft. Der ältere Sohn des Hauptangeklagten erhielt vier Jahre und drei Monate.

Seine Frau, sein zweiter Sohn und weitere Angeklagte verurteilten die Trierer Richter zu Haftstrafe bis zu drei Jahren. Der achte Beschuldigte erhielt eine Freiheitsstrafe zur Bewährung.

Cyber Caliphate

Am 6. Januar 2015 hackte die Gruppe den Webauftritt von WBOC, eine Niederlassung von CBS und Fox im US-Bundesstaat Maryland sowie die Facebook- und Twitter-Accounts des Alberquerque Journals. Sechs Tage später übernahmen die Hacker für 30 Minuten den Twitter- und YouTube-Account des Zentralkommandos der US-Streitkräfte (Centcom). Auf pastebin.com veröffentlichten die Hacker E-Mail-Adressen, Telefon- und Faxnummern von US- Militärangestellten und Militär-Einrichtungen. Etwa zur gleichen Zeit führten die Hacker eine DNS-Spoofing-Attacke gegen den Webauftritt der Malaysian Airlines durch: Besucher der Websites wurden auf eine Seite der Hacker weitergeleitet. Dort war die Nachricht zu sehen: »404 – Plane Not Found | Hacked by Cyber Caliphate«. Am 18. Juni 2016 präsentierte der Spiegel neue Erkenntnisse. Demnach sei das »Cyber Caliphate« eine russische Erfindung: »Im Licht der neuen Erkenntnisse wären unter anderem auch der Angriff des Cyber-Califats auf das Zentralkommando der US-Streitkräfte Anfang 2015 sowie vermeintlich dschihadistische Hackerattacken auf das amerikanische Außenministerium und saudische Sicherheitsbehörden im Frühjahr 2016 tatsächlich im russischen Auftrag erfolgt«.

Cybercrime

Kriminelle Aktivitäten, die sich gegen das Internet, Datennetze, informationstechnische Systeme oder deren Daten richten. Hierzu gehören: Computerbetrug, Betrug mit Zugangsberechtigung zu Kommunikationsdiensten, Betrugs-Szenarien gegen die Zahlungsabläufe in Unternehmen, Verletzung von Geschäfts- und Betriebsgeheimnissen, Datendiebstahl, Vorbereitung und/oder Durchführung des Ausspähens und Abfangens von Daten, Computersabotage, Spionage; Cyberangriffe auf staatliche Stellen und Behörden, Internet-Struktur-Angriffe, »Digitale Erpressung«, Mobbing, Cyber-Grooming, Verbreitung von Kinderpornografie und jugendgefährdender Schriften, Verbreitung rassistischer, staatsgefährdender, oder gewaltverherrlichender Inhalte sowie die Verbreitung urheberrechtswidrig hergestellter Kopien im Internet.

Synonym: e-Crime; Cyberkriminalität; Internetkriminalität.

Siehe auch: Computersabotage | Cyber-Grooming | Cyber-Mobbing | DDoS | Fake-President-Fraud | Hacking / Hacker | IT-Forensik | Kopierschutz | Money Mules | Payment Diversion | Raubkopie | Social Engineering | Whaling.

Cyber-Grooming

Engl. grooming = striegeln, vorbereiten. Netzjargon für das gezielte Ansprechen von Kindern im Internet mit dem Ziel der Anbahnung sexueller Kontakte.

Cyber-Kriminelle

Verschaffen sich mittels der Informationstechnik auf illegalen Wegen Geld, spähen die Konkurrenz aus. Im militärischen Sektor forcieren staatliche Cyber-Kriminelle und Cyber-Terroristen politische Einflussnahme, verbreiten Ideologien, zerstören, streuen Desinformationskampagnen, um Demokratien zu destabilisieren, sabotieren und/oder spionieren.

Daneben gibt es noch Hacker, die aus politischen Gründen Cyberattacken durchführen. Laut dem BSI gibt es noch die Gruppe der Hobbyisten/Skript-Kiddies, welche Cyber-Angriffe eher aus Neugier durchführen, um ihre Fähigkeiten und ihr Wissen in der Praxis zu testen. Nicht zuletzt gibt es pädokriminelle Täter, die zum Nachteil von Kindern und Jugendlichen agieren und Cyber-Kriminelle, die durch Cybermobbing (insb. Kinder und Jugendliche) im Ansehen schädigen.

Synonym: Computerkriminelle; Angreifertypen.

Cyber-Mobbing

Fortwährende, lästige oder schädigende Handlung eines Einzelnen oder einer Gruppe gegenüber einem Opfer in sozialen Netzwerken. Die Täter sind meist im Besitz von intimen Informationen, wie zum Beispiel: peinlichen Fotos oder Videos, die sie öffentlich machen oder sie kompromittieren ihre Opfer mit gefakten Nacktfotos und dgl.

Synonym: Cyberstalking; Flaming; Bullying.

Cyber-Raum

Der Cyber-Raum umfasst alle über territoriale Grenzen hinweg weltweit erreichbaren informationsverarbeitenden technischen Geräte und deren Kommunikations-Infrastrukturen.

Am 23. Juni 2009 erklärte der damalige US-Verteidigungsminister Robert Gates den Cyberspace, neben Land-, See-, Luft- und Raumfahrt, als die »fünfte Domäne« militärischer Operationen. Das Internet sei der erste von Menschen geschaffene militärische Bereich.

Synonym: Cyberspace; Virtueller Raum.

Cyberüberwachung

Siehe: Kryptohandy | Spionage-Apps | User Tracking | PRISM | KI.

Cyberwar

Gebildet aus der englischen Wortreihe »Cyberspace« und »War«, was so viel bedeutet wie Internet-Krieg.

Synonym: Cyber Warfare; Cyber-Krieg; Computer-Krieg.

Siehe auch: Stuxnet.

D

D33DS

Hacker-Gruppierung, aktiv ~ Oktober 2011-2015.

Darknet

Sammelbegriff für in sich geschlossene, anonyme, kriminelle Teilnetze innerhalb des Internets. Im Darknet werden Waffen, Drogen und verschiedene illegale Dienstleistungen angeboten. Da das Darknet ein rechtsfreier Raum ist, in dem keine rechtlichen Ansprüche geltend gemacht werden können, sind die meisten dieser Angebote gefälscht.

Eines der bekanntesten Teilnetze im Darknet ist das Tor-Netzwerk (The Onion Router), welches den Datenverkehr verschlüsselt und über mehrere Zwischenstationen leitet: Hier enden WWW-Adressen mit dem Suffix ».onion«. Mit dem TOR-Netzwerk ist sowohl ein virtueller Raum für Kriminelle assoziiert als auch der Schutz für Menschen, die eine sichere Kommunikation benötigen.

Siehe auch: TOR-Netzwerk | Sybil-Attack | Hydra Market | Cyberbunker.

Darknet-Plattform

Siehe auch: Elysium | Hydra Market.

Dark Patterns

Unlautere Beeinflussung und Täuschung der Verbraucher durch Online-Shopping-Websites.

DarkSide

Russische Hackergruppe – unter anderem verantwortlich für die Kompromittierung des US-amerikanischen Ölpipeline-Systems: Colonial Pipeline.

Siehe auch: Russische Hacker-Gruppierungen.

DARPA-Net

Abk. für engl. Defense Advanced Research Projects Agency Network. Nachdem das US-Verteidigungsministerium 1972 den Wert des Internet-Vorläufers ARPA-Net für sich entdeckt hatte, benannte das Ministerium das Netzwerk in DARPA-Net um.

Dashboard

Grafische Benutzeroberfläche eines Content-Management-Systems zur Darstellung digitaler Inhalte.

Siehe auch: CMS.

Data Diddling

Manipulation von Daten, vor oder während der Eingabe in ein Computersystem.

Data Scavenging

Einsammeln von Daten-Fragmenten, um nicht autorisiertes Wissen über vertrauliche Informationen zu erhalten.

Siehe auch: Information Gathering.

DataStealer

Trojaner, der Informationen auf den Computern der Opfer ausspäht und diese an Bedrohungsakteure übermittelt.

Siehe auch: Keylogger.

Datenabgriff

Siehe: SQL Injection Attack | Leak | Whistleblower | DataStealer | Data Scavenging.

Siehe auch: G-Zero | Vodafone-Hack.

Datenintegrität

Siehe: Datensicherheit | Schutzziele | Integrity Attack.

Datenschleuder

Zeitschrift des Chaos Computer Clubs (CCC), – erstmalig erschienen am 01. Januar 1984.

Datenschutz

Schutz personenbezogener Daten vor Missbrauch. Personenbezogene Daten sind: Name, Alter, Familienstand, Geburtsdatum, Anschrift, E-Mail-Adresse, Telefonnummer, genetische Daten sowie Werturteile – wie zum Beispiel: Bewertungen oder Nutzungsverhalten auf Websites.

Siehe auch: DSGVO | User Tracking | DNT (Do Not Track).

Datensicherheit

Schutz der Daten vor Missbrauch, Verfälschung und Zerstörung. Hierzu gehören Maßnahmen zur Cyberabwehr und Zugangskontrollen, um nicht autorisierte Benutzer fernzuhalten, Herstellung der Ausfallsicherheit von Daten (Backups), Datenmaskierung sowie Datenlöschung.

Synonym: Informationsschutz; Informationssicherheit.

Siehe auch: IT-Sicherheit | Schutzziele.

Datensicherung

Kopie wichtiger Daten auf einem externen Sicherungsmedium (Offline-Backups) oder innerhalb der Netzwerkstruktur einer Firma, in der Cloud oder auf einem Server.

Synonym: Ausfallsicherheit; Datensicherheit.

Datenübergabeformat

Siehe: RSS | XML | JSON | Connected Home over IP | Behörden, Regulierungs-. | Codec | Programm-Schnittstelle.

Datenverschlüsselung

Verschlüsselung von »Klartext« in »Geheimtext«. Zu den Vorstufen eines kryptografischen Verfahrens gehört i.d.R. eine Schlüsselgenerierung, gefolgt von einem Schlüsselaustausch. Erst dann kann die Klartext-Nachricht von dem Sender verschlüsselt und auf den Weg gebracht werden.

Synonym: Chiffrierung; Kryptierung; Datenkodierungen.

Siehe auch: Schlüssel | Schlüsselaustauschproblem.

Daxin

Name [12] einer »hochentwickelte chinesischen Malware«. Die Schadsoftware tarnt sich als Treiber für den Windows-Kernel«, 2013-2021.

---

[12] lt. Symantec

DCGS

Distributed Common Ground System. Intelligenz für mehrere militärische Verteidigungskräfte.

DDoS

Abk. für engl. Distributed-Denial-of-Service, dt. dezentralisierte Dienstblockade. Angriffsmethode, bei der Webserver oder Router ihren Dienst verweigern. Diese Cyber-Attacken geschehen meist durch ein Botnet, welches die Ziel-Systeme durch das massenweise Versenden von IP- Paketen blockiert. Ein Botnet ist ein Verbund (weltweit) vernetzter Computer, die mit Schadsoftware (Bots) infiziert sind.

Die »Bots« vernetzen sich mit anderen infizierten Rechnern und werden von Kriminellen aus der Ferne gesteuert. Der Server, der das Botnetz steuert, bezeichnet man als Command & Control Server (C&C), die Infizierten als Zombie-Rechner.
Synonym: Überlastungsangriff; Dienstverweigerung.

Deauthentication Attack

Eine Art Denial-of-Service-Angriff, welche die drahtlose Verbindung zwischen Benutzern und einem Wi-Fi-Zugangspunkt verhindert – zum Beispiel verliert das Smartphone die W-LAN-Verbindung.
Synonym: Deauther; Dienstverweigerungs- Angriff.

Debitkarte

Spezielle Chipkarte, herausgegeben von Zahlungs-Dienstleistern und Banken. Sie dient der bargeldlosen Bezahlung.
Synonym: EC-Karte; Girocard; Bankkarte.

Decoding

Dt. Entschlüsselung. Prozess, bei dem verschlüsselte Daten wieder lesbar bzw. verarbeitbar gemacht werden.

Synonym: Decryption; Dechiffrierung; Entzifferung.

Siehe auch: Kryptologie.

DeDup

Abk. für engl. DeDuplication. Herauslösen sich wiederholender (redundanter) Daten, zur Kapazitäts-Optimierung von Speichermedien.

Synonym: Deduplizierung.

Defacen / Defacements

Angriff auf eine Online-Publikation, bei der die Original-Inhalte entfernt und mit Text oder Bildern ersetzt werden.

Default

Vordefinierte Einstellungen der Hard- und Software bei der Auslieferung.

Defender Antivirus, Microsoft -

Siehe: Antiviren-Programm.

Dekomprimierungsbombe

Siehe: Archivbombe.

De-Mail

Siehe: Verwaltungskonto für Bürger.

DES

Abk. für engl. Data Encryption Standard. Symmetrisches, kryptografisches Verfahren. DES gilt als nicht sicher, da es mit der Brute-Force-Methode sehr schnell geknackt werden kann. Ein verbessertes Kryptoverfahren ist 3DES, auch Triple-DES genannt, und das Nachfolge-Kryptoverfahren AES.

Desinfektion

Funktion einer Sicherheitssoftware.

Siehe: Antiviren-Programm.

DHCP

Dynamic Host Configuration Protocol. Automatisiert die Zuweisung von IP-Adressen und anderen Netzwerk-Konfigurationen an Geräten in einem Netzwerk.

DHS

Abk. für engl. Department of Homeland Security, dt. Heimatschutzministerium. US-Ministerium für die innere Sicherheit, gegr. 2002.

DIA

Abk. für engl. Defense Intelligence Agency. Militärischer Nachrichtendienst des US-Verteidigungsministeriums.

Diensteanbieter

Laut dem deutschen Datenschutz- und Telemediengesetz ist ein Diensteanbieter: »jede natürliche oder juristische Person, die eigene oder fremde Telemedien zur Nutzung bereithält oder den Zugang zur Nutzung vermittelt.

Bei audiovisuellen Mediendiensten [also fernsehähnlich] auf Abruf ist [ein] Diensteanbieter jede natürliche oder juristische Person, die die Auswahl und Gestaltung der angebotenen Inhalte wirksam kontrolliert.«[13]

Synonym: Internetdienstanbieter.

Dienstverweigerungs- Angriff

Cyberattacke,

⇨ welche die Kommunikation zwischen Benutzern und einem Wi-Fi-Zugangspunkt verhindert (Deauthentication Attack).

⇨ welche das Anmelden eines Clients im Wlan verhindert (MAC-Spoofing).

⇨ welche das Ausführen von Diensten eines Servers direkt verhindern (DDoS) oder indirekt: via DNS Amplification Attack.

Synonym: Überlastungsangriff.

Siehe: DDoS | Deauthentication Attack | MAC-Spoofing.

---

[13] Bundesministerium für Wirtschaft

Diffie-Hellman

Diffie-Hellman (Public-Key-Kryptoverfahren) ist ein asymmetrisches Kryptoverfahren, benannt nach den Entwicklern: Whitfield Diffie und Martin Hellman, 1976 veröffentlicht.

Siehe auch: Kryptologie.

Digitale Erpressung

Es ist schon lange bekannt, dass Cyberkriminelle Erpressungsschemata für finanziell lohnende Ziele einsetzen: Im März 2001 wurden 40 Unternehmen in 20 Bundesstaaten der USA Opfer von Cyber-Attacken. Laut einem FBI-Bericht vom 9. März 2001 benutzten die Hacker »bekannte Sicherheitslücken von Windows-NT um in die Server einzudringen«. Die gestohlenen Informationen seien für eine digitale Erpressung benutzt worden, in dem Kriminellen den geschädigten Unternehmen eine »Sicherheitsdienstleistung« gegen Entgelt anboten.

Im Dezember 2007 eigneten sich unbekannte Hacker den Quellcode des Smartphone-Betriebssystems Symbian an. Nachdem die Erpresser mit einer Veröffentlichung des geheimen Quellcodes gedroht hatten, zahlte der finnische Telekommunikationskonzern Nokia im Januar 2008 eine Millionensumme. Wäre der Quellcode des Betriebssystems veröffentlicht worden, hätten cyberkriminelle Akteure eine auf den Quellcode abgestimmte Schadsoftware entwickeln können und somit einen beträchtlichen Schaden anrichten können. Der Vorfall wurde erst 5 ½ Jahre später durch den finnischen Privatsender: »Mainos-TeleVisio« bekannt.

In späteren Jahren nutzen Cyberkriminelle spezielle Software für ihre Machenschaften – sogenannte »Ransomware«.

Seit dem Jahr 2019 stellt digitale Erpressung die am häufigsten angewendete cyberkriminelle Strategie dar. Im Jahr 2021 nahmen Ransomware-Angriffe um 13 % gegenüber dem Vorjahr zu.[14] Sie verursachten dabei immense Schäden.

Auch 2023 stellen Ransomware-Angriffe: »unverändert die größte cyberkriminelle Bedrohung dar«, so das Bundesamt für Sicherheit in der Informationstechnik (BSI): Nicht selten praktizieren die kriminellen Akteure ein »Geschäftsmodell«, das als »Double Extortion«[15] bekannt ist. Dabei verschlüsseln die Erpresser die Daten ihrer Opfer, sichern sie jedoch zuvor auf eigenen Servern. Firmen, die sich weigern zu zahlen, werden mit der drohenden Veröffentlichung oder dem Verkauf der gestohlenen Daten an die Konkurrenten konfrontiert.

Siehe: Ransomware | MCB-Hack | WannaCry.

Digitale Identifizierungssysteme

Siehe: Elektronische Signaturen | RFID | nPA | Chipkarte.

Synonym: Identitätsnachweis; Sicherheitswerkzeuge.

Digitale Signatur.

Siehe: Elektronische Signaturen.

Digital-Zertifikat

Siehe: Certificate Authority (CA) | Elektronische Signaturen.

---

[14] splunk.com / Einmaleins der Ransomware

[15] Vgl. heise.de, Dr. Christopher Kunz, 1.12.23

Distanz-Funktion

Siehe: Levenshtein-Distanz.

DLL-Injection

Abk. für engl. Dynamic Link Library Injection. Angriffsmethode, bei der der Angreifer das Betriebssystem zwingt, eine mit Schadsoftware manipulierte »Dynamic Link Library« - Datei zu laden.

DLP

Abk. für engl. Data Loss Prevention bzw. Data Leakage Prevention. Schutzmaßnahmen gegen den Abfluss von Daten in Unternehmen.

DMCA

Digital Millennium Copyright Act. Urheberrechtsgesetz[16] der Vereinigten Staaten von 1998, welches zwei Verträge der Weltorganisation für geistiges Eigentum (WIPO) aus dem Jahr 1996 umsetzt. Der DMCA umfasst Musik, Filme, Texte und alles, was urheberrechtlich geschützt ist.

DMZ

Abk. für engl. DeMilitarized Zone.

Bezeichnet ein Teilnetz eines IP-Netzwerkes mit eingeschränkten Zugriffsmöglichkeiten gegenüber dem internen Unternehmens-Netzwerk.

---

[16] digital.gov

In der DMZ befinden sich zum Beispiel E-Mail-, Web- oder FTP-Server, die aus dem Internet zugänglich sind. Andere Teilnetze sind aus dem Internet nicht erreichbar.

Eine DMZ ist i.d.R. nur ein Glied einer umfassenden Sicherheitslösung.

Siehe auch: Firewall.

DNS-Caching

Domain Name System Zwischenspeicherung. Temporäre Zwischenspeicherung der Internet-Namensauflösung.

1. Zeigt den Inhalt des lokalen DNS-Auflösungscaches an: ipconfig /displaydns
2. Leert den lokalen DNS-Auflösungscache: ipconfig /flushdns

DNS Amplification Attack

Eine DNS Amplification Attack ist im Prinzip ein Distributed Denial of Service Angriff: Ein Bedrohungsakteur nutzt die Funktionalität von offenen DNS-Resolvern und sendet eine Namenssuchanfrage an einen oder mehrere öffentliche DNS-Server. Durch eine gefälschte Absenderadresse werden Server dazu veranlasst, eine Flut unerwünschter Antworten an ein ahnungsloses Ziel zurückzugeben, was zu einer Überlastung führt.

Synonym: Dienstverweigerungs- Angriff.

Siehe auch: DDoS

DNS-Server

Domain Name System - Server.

Diese Server wandeln die von den Usern eingegebenen alphanumerischen Webadressen in IP-Adressen um.

Siehe: IP-Adresse, Internet-.

DNS-Spoofing

Angriffsmethode, bei der ein Hacker die Namensauflösung von DNS-Servern manipuliert, sodass Besucher direkt auf betrügerische Websites umgeleitet werden. Angriffspunkte sind dabei Kanäle der Quellen-Authentisierung zwischen DNS-Servern und validierenden DNS-Klienten sowie den dazwischen liegenden Resolvern mit ihren Caches, oder der Bedrohungsakteur ändert die Host-Datei auf dem Computer des Opfers.

Synonym: Redirector; Cache Poisoning; DNS-Spoofing; Session Hijacking; DNS-Hijacking; Böswillige Umleitung.

Siehe auch: Address-Spoofing | Content-Spoofing.

DNT

Abk. für Do Not Track, dt. Nicht-Verfolgen. Funktion zum Schutz vor Aktivitätenverfolgung im Internet durch Werbetreibende und Inhaltsanbieter.

Siehe auch: User Tracking.

DoD

Department of Defense. US-amerikanisches Verteidigungs-Ministerium.

DoJ

Department of Justice. Justizministerium der USA.

Domain

Netzjargon für eine eindeutige, administrative Identifizierung einer WWW-Ressource im Internet.

Siehe auch: URL.

Domäne

Im Sprachgebrauch von Microsoft ist eine Domäne eine Gruppe von Computern mit einer gemeinsamen Domänen-Datenbank und Sicherheitsrichtlinien, die von einem Windows-Domänencontroller verwaltet werden.

Dongle

Siehe: HSM (Hardware Security Modul).

Dorsey, Jack Patrick

Mitbegründer des Microblogging-Dienstes Twitter, geb. am 19. November 1976 in St. Louis, USA.

Downtime

Dt. Ausfallzeit. Geplante oder ungeplante Ausfallzeit eines Computersystems.

Doxen

Netzjargon für eine böswillige Offenlegung der Daten einer Person im Internet.

DRA10

Abk. für frz. Détachement de Reconnaissance de l'Armée. Spezialeinheit der Schweizer Armee, gegr. 2004.

Drahtlosnetzwerke

Siehe: WLAN | Bluetooth.

Drive-By-Download

Unbemerktes Infizieren des eigenen Computersystems über eine von Cyberkriminellen kompromittierte Webseite. Einfallstore der Schadsoftware sind Sicherheitslücken in Java, Flash, ActiveX und Java-Script auf den Clientrechnern.

DRMS

Abk. für engl. Digital Rights Management -System, dt. digitale Rechteverwaltung. Oberbegriff für Maßnahmen zum Schutz digitaler Informationen im Internet.

Siehe auch: Kopierschutz.

DSA

Digital Services Act. Der DSA ist ein europäisches Digital-Gesetz. Es schützt Internet-Nutzer und ihre Grundrechte im Internet. Das Gesetz soll unter anderem eine stärkere demokratische Kontrolle und Aufsicht über systemische Risiken wie Manipulation oder Falschinformationen ermöglichen. Laut Kristina Hatas[17] können User auch erwarten, dass »empfindliche Daten wie sexuelle Orientierung, politische Anschauungen oder Religionszugehörigkeit (…) nicht mehr für Werbezwecke verarbeitet werden.«

DSGVO

Datenschutz-Grundverordnung der Europäischen Union.

---

[17] Amnesty International, 31.5.22

Hierzu gehören unter anderem: der Schutz natürlicher Personen bei der Verarbeitung personenbezogener Daten[18]:

- Rechtmäßigkeit
- Verarbeitung nach Treu und Glauben
- Transparenz
- Zweckbindung
- Datenminimierung
- Richtigkeit
- Speicherbegrenzung
- Integrität und Vertraulichkeit
- Rechenschaftspflicht
- Recht auf Löschung.

Siehe auch: Datenschutz | User Tracking | DNT (Do Not Track) | Cookies | BDSG.

DTMF

Dual Tone Multi-Frequency. Wählverfahren – 1990 in Deutschland eingeführt – bei dem die Vermittlung von Telefongesprächen über Tastentöne im hörbaren Bereich erfolgen. Bei jedem Zweidraht-Standard-Telefonanschluss wurden den Tasten akustische Frequenzen zugeordnet. Die digitalen Vermittlungsstellen in Deutschland unterstützen sowohl das alte langsamere Impulswahlverfahren (IWV) als auch das neue DTMF Wählverfahren.

Synonym: Touch-Tone; Tonwahl-Verfahren; Mehrfrequenz-Code (MFC); Mehrfrequenz-Wahlverfahren (MFV).

---

[18] datenschutz-grundverordnung.eu, 27.4.16

Duales Zahlensystem

Die Basis des dualen Zahlensystems ist 2, - für die Darstellung benötigt man 2 Ziffern: 0 und 1, was in der Mikroprozessortechnik die kleinste Informationseinheit darstellt. Im dualen Zahlensystem werden 8 Bit zusammengefasst als 1 Byte. 1 Byte = $2\uparrow8$ = 256 verschiedene Dezimalwerte.

Siehe auch: Bit | Hexadezimalsystem | Nibble | Oktett.

DuckDuckGo

Suchmaschine, mit dem Nutzer die Kontrolle über ihre Privatsphäre behalten, gegr. von Gabriel Weinberg.

Siehe auch: User Tracking | DNT (Do Not Track) | Cookies.

Dump

Kopie oder Teilbereich einer Datenbank, ein Speicher- oder ein Datenträger-Abbild. »Dumping« steht auch für »Informationen öffentlich machen«.

Siehe auch: Doxen.

Dumpster Diving

Angriffsmethode, bei der ein Social Engineer im Müll eines Unternehmens nach nützlichen Informationen sucht.

Synonym: Data Scavenging; Identitätsdiebstahl; Social-Hack.

E

E-Commerce

Abk. für engl. Electronic Commerce, dt. elektronischer Handel. Alle Kauf- und Verkaufsprozesse, die auf elektronischem Wege durchgeführt werden. Insbesondere der Vertrieb von Waren und Dienstleistungen über das Internet.

Synonym: Internethandel; Online-Handel.

Echtzeitkommunikation

Siehe auch: Messenger / Chat | UDP.

»Elysium«

Deutsche Darknet-Plattform eines Kinderpornografie-Rings, 2016 - 2017. Laut dem Forum sexualstrafrecht.hamburg/ konnten Polizeibehörden im März 2017 »den Server ermitteln, auf dem Elysium gehostet war. Eine Sicherheitslücke in der Programmierung führte die Fahnder nach Limburg, wo der Server in einer Autowerkstatt gestanden haben soll. Auf dem Server wurden mehrere Terabyte Bilder und Videos sichergestellt. Bekannt ist, dass der Server nicht verschlüsselt war, sodass das BKA darauf Zugriff hat[te]. Dadurch war es auch möglich, die IP-Adressen der Nutzer festzustellen, da der Server nicht mehr an das Darknet angebunden war.« 2 ½ Jahre später »endete der Prozess um die Plattform Elysium mit hohen Haftstrafen für die Angeklagten«.[19]

---

[19] zeit.de/ Eike Kühl, März 2019

»Die (…) Plattform war mit mehr als 80.000 Mitgliedern eine der weltweit beliebtesten Anlaufstellen für Bilder und Videos sexualisierter Gewalt gegen Kinder im Darknet«.[20]

Siehe auch: Darknet.

E-Mail

Abk. für engl. Electronic Mail, dt. elektronische Nachricht. Dienst für den Versand elektronischer Daten und Nachrichten.

Synonym: Nachrichtenaustausch; Kommunikationsmedium.

Siehe auch: POP3.

E-Mail-Konto-Abruf

Externe E-Mail-Programme, also Client-basiert, wie Thunderbird oder Outlook, bieten zwei Möglichkeiten Nachrichten abzurufen: Via IMAP (Internet Message Access Protocol) oder via POP3 (Post Office Protocol). Beide Methoden benötigen einen Datenabgleich bzw. eine Synchronisation über den Mailserver-Abruf. Wobei IMAP mehrere externe E-Mail-Programme unterstützt. Nachrichten können parallel auf mehreren Endgeräten gelesen, bearbeitet oder gelöscht werden. Um E-Mails über ein externes E-Mail-Programm versenden zu können, ist darüber hinaus die Einrichtung eines Postausgangsservers notwendig. Dies geschieht durch ein Simple-Mail-Transfer-Protocol (SMTP). Aus Sicherheitsgründen muss beim E-Mail-Anbieter in der Regel der Zugriff erlaubt werden. Zuweilen ist der User auch gezwungen, ein separates Passwort für das E-Mail-Programm zu verwenden.

---

[20] zeit.de/ Eike Kühl, März 2019

Folgende Einstellungen sind die Voraussetzung für einen
Mailserver-Abruf:

1.   Servereinstellungen.
2.   Port.
3.   Art der Verschlüsselung.
4.   Kontoname / Nutzer-Name.
5.   E-Mail-Adresse.
6.   Passwort.

Mit der Nutzung Client-basierter E-Mail-Programme empfiehlt es sich, einen Antivirenschutz mit E-Mail-Prüfung zu installieren. Damit werden ein- und ausgehende E-Mails und deren Datei-Anhang auf Viren überprüft und mögliche Infektio-
nen direkt an der Quelle ausgeschaltet. »G-Data Total
Security« zum Beispiel erfragt dabei »über das Internet beson-
dere Häufungen von verdächtigen Mails und schließt dabei
quasi in Echtzeit die Lücke, die zwischen dem Beginn eines
Massenmailings und seiner Bekämpfung durch speziell ange-
passte Virensignaturen besteht«.[21]

E-Mail-Betrug
Siehe: Phishing-Attacke.

Ecosia
Gemeinnützige Organisation und Suchmaschine, gegr. von
Christian Kroll.
Siehe auch: Suchmaschine.

---

[21] help.gdatasoftware.com, 5.1.24

EDF

Abk. für frz. Électricité de France. Halbstaatliche, französische Elektrizitätsgesellschaft.

Editierdistanz

Siehe: Levenshtein-Distanz.

EDT

Electronic-Disturbance-Theater.
Siehe: FloodNet-Protest.

Efail

Man-in-the-Middle-Angriff auf ein E-Mail-System, welches durch eine Ende-zu-Ende-Verschlüsselung mit OpenPGP oder S/MIME gesichert ist.
Siehe: Ende-zu-Ende Verschlüsselung.

Einmalanmeldung

Siehe: SSO (Single-Sign-On).

Einmalverschlüsselung

Siehe: OTP.

EIS

Abk. für Europol Information System. Datenbanksystem der Polizeibehörde Europol, aktiv seit 2005.

Elektronische Bescheinigungen

Siehe: Certificate Authority (CA).

Elektronisches Geld

Siehe: Kryptowährung.

Elektronischer Ausweis

Siehe: Authentifizierung | Certificate Authority (CA) | Account | Passwort | PIN.

Elektronischer Rechtsverkehr

Siehe: Elektronische Signaturen.

Elektronischer Identitätsnachweis

Synonym: Digitale Identifizierungssysteme.

Siehe: RFID | nPA | Chipkarte | Identifizierungsmethoden.

Elektronische Signaturen

Um einen sicheren Datenaustausch und rechtsverbindliche Geschäfte über das Internet abzuwickeln, sind sowohl sichere kryptografische Verfahren als auch Verfahrensabläufe notwendig, an die sich alle Kommunikationspartner halten müssen. Die wichtigsten Krypto-Systeme in diesem Kontext sind asymmetrische Verfahren, bei denen alle beteiligten Personen (oder juristische-) verschiedene Schlüssel verwenden, also jeder Beteiligte einen privaten und einen öffentlichen Schlüssel besitzt. Kommen diese Verfahren bei rechtsverbindlichen Geschäften zum Einsatz, ist eine dritte Instanz notwendig: Ein Zertifizierungsdiensteanbieter, der die elektronischen Signaturen verwaltet und bereitstellt.

Synonym: digitaler Schlüssel; Authentifizierungsmittel; Fernsignatur.

Elk-Cloner

Erster Bootsektor-Virus der Welt. Programmiert von Richard Skrenta im Jahr 1981. Die Verbreitung geschah durch 5 1/4 Zoll-Disketten, die von einer an eine andere Person weitergegeben wurden.

Elster

Abk. für elektronische Steuererklärung. Software der deutschen Steuerverwaltungen für Steuererklärungen, Umsatzsteuer-Voranmeldungen und Lohnsteueranmeldungen über das Internet. Kommunikationspartner sind Unternehmen und Finanzämter.

Emission Security

Abstrahlsicherheit.
Siehe: TEMPEST.

Emulator

Digitale Nachbildung einer (meist veralteten) Hard- oder Software in der Computertechnik.
Siehe auch: Virtualisierung.

EncroChat / EncroTalk

Siehe: Kryptohandy.

Encoding

Dt. Verschlüsseln. Umwandlung von Text in Geheimschrift, - unter Verwendung kryptografischer Algorithmen.

Synonym: Chiffrierung; Codieren.

Siehe auch: Kryptologie.

Endpoint Security

Das Sichern von Endbenutzergeräten und Zugangspunkten.

Enigma

Rotor-Schlüsselmaschine, die im Zweiten Weltkrieg zur Verschlüsselung des Nachrichtenverkehrs der Wehrmacht verwendet wurde.

Siehe auch: Turing, Alan Mathison.

Entschlüsselung

Siehe: Decoding.

Entschlüsselungsangriff

Siehe: Brute-Force-Attack | Salted-Hash.

ePA

Elektronische Patientenakte.

Equation-Group

Der Name betitelt eine von US-amerikanischen Geheimdiensten gesteuerte Hacker- Gruppe.

Erpresser Virus / Trojaner

Siehe: Ransomware.

error-log-spamming

Siehe: FloodNet-Protest.

ETH

Abk. für Ether. Ether ist die Standard-Kryptowährung in
Ethereum. Im Juli 2015 wurde der Betrieb von Ethereum ge-
startet. Nur 7 Monate später hatte die digitale Währung bereits
eine Marktkapitalisierung von über 500 Millionen US-Dollar.

Siehe auch: Kryptowährung | BitCoin.

EternalBlue

Siehe: WannaCry.

Ethernet

Gebildet aus der englischen Wortreihe »Ether« und »Net«.
Ether, fachsprachlich abgeleitet aus dem grch. aithểr (Äther),
was so viel bedeutet wie »Himmelsluft«, war ursprünglich ein
Protokoll für das terrestrische Funknetz »Alohanet«,

entwickelt an der Universität von Hawaii. Seit Anfang der
90er-Jahre ist Ethernet ein Standard zur Übertragung von Informationen in kabelgebundenen Netzwerken. Die Leitungen
werden mit Koaxial-, Glasfaser- oder Twisted-Pair Kabel realisiert.

Synonym: Nachrichtenübertragung.

Siehe auch: Protokoll.

Ethernet-ID

Siehe: MAC (Netzwerkadapter).

Europol

Strafverfolgungsbehörde der Europäischen Union mit Sitz in Den Haag, gegr. 01. Oktober 1998.

Evil Corp

Name einer in Russland ansässigen cyberkriminellen Organisation. Der Name stammte von US-Ermittlern. »Evil Corp« wurde Ende 2019 von US-Behörden in Verbindung mit dem Finanz-Trojaner: »ZeuS« und »Dridex« genannt. Die Hacker kompromittierten weltweit Hunderte Anmelde-Informationen von Banken und Finanzinstituten und erbeuteten dabei mehr als 100 Millionen US-Dollar.

Siehe auch: Cybercrime.

EW

Abk. für engl. Electronic Warfare ≙ Elektronische Kampfführung.

Exploit

Engl. »to exploit« ≙ ausnutzen. Ein »Exploit« ist eine dokumentierte Sicherheitslücke in einer Software. Ein »Zero-Day-Exploit« (auch »0-day-vulnerability«) ist eine unentdeckte Sicherheitslücke, die von Hackern bereits aufgespürt und (gegenwärtig) zum Eindringen in ein Zielsystem benutzt wird.

Synonym: Sicherheitslücke.

Siehe auch: Bug Bounty Program.

F

FAA

Abk. für engl. Federal Aviation Administration. US- Bundes-
luftfahrtbehörde, gegr. 23. August 1958.

Facebook

Messaging-Dienst mit dem Schwerpunkt der Vernetzung von
Freunden und Bekannten.

Siehe: Meta, Inc. | Messenger.

Fahndungs- und Informationssysteme

Siehe: Onlineportale für Rechtsinformationen.

Fake

Fälschung, Betrug. Erstellt zum Beispiel jmd. ein Benutzerkonto im Internet und macht dabei falsche Angaben über sich,
so spricht man von einem Fake-Account oder Fake-Profil.
Werden Informationen manipuliert, irreführend dargestellt
oder sich widersprechende Informationen absichtlich gestreut,
spricht man von Fake News.

Synonym: Misinformation | Falschmeldungen.

Siehe auch: Sockpuppet | Social Bots.

Fake-President-Fraud

Angriffsmethode auf die Zahlungsabläufe in Unternehmen.
Die Kontaktaufnahme erfolgt durch Messenger, soziale Netzwerke, E-Mail, Fax oder per Telefon.

Der Täter gibt sich als leitender Angestellte oder Vorsitzender des Unternehmens aus und verlangt in betrügerische Absicht von einem Mitarbeiter der Buchhaltung eine »eilige« Zahlungs-Anweisung zu tätigen o.Ä.

Synonym: CEO-Fraud; Chefmasche.

Siehe: Social Engineering.

Fallback- Attack

Angriffsmethode, bei der Cyberkriminelle die Verschlüsselung auf ein schwaches Verfahren herabstufen.

Siehe auch: POODLE-Attac.

False Flag Operation

Arbeiten unter falscher Flagge. Fachjargon der IT-Sicherheit für jmd., der beim Angriff auf ein Zielsystem falsche Indizien für IT-forensische Ermittler hinterlässt, sodass eine andere Hacker-Gruppe oder ein anderes Land für die Cyberattacke verantwortlich gemacht wird.

Fancy Bear

Betitelt eine russische Hacker-Gruppe – auch bekannt unter dem Namen: »APT 28«. Einem Bericht des Wall Street Journals zufolge begannen Mitte des Jahres 2007 russische Hacker, Cyber-Attacken gegen osteuropäische Regierungen und Militäreinrichtungen durchzuführen. Des Weiteren wurden die amerikanischen Verteidigungs-Dienstleister: Science Applications International (SAIC) und Academi, vormals Blackwater, und der Nordatlantikpakt NATO als Ziele genannt. Die Autoren Danny Yadron und Siobhan Gorman beriefen sich dabei auf ein umfangreiches Whitepaper der amerikanischen Cybersecurity-Firma FireEye:

Die kompilierte Schadsoftware sei mit Zeitangaben versehen, die der Zeitzone russischer Großstätten, inklusive Moskau und St. Petersburg, entsprachen. FireEye Inc. benannte die russischen Akteure in diesem Zusammenhang mit »APT28« und die Schadsoftware, mit denen die Hacker agierten, als: »Sofacy«. Über einen Zeitraum von acht Jahren hinweg hatten die »Elite-Hacker« ihre Angriffsmethoden immer wieder angepasst und verbessert. Die Angriffsziele blieben dabei unverändert: militärische und staatliche Einrichtungen – weltweit.

Fangschaltung

Siehe: MCID.

FAPSI

Abk. für polnisch:

Federalnaja Agentstvo Prawitelstwennoi Swjasi i Informacji, dt. Föderaler Dienst für Regierungs-Fernmeldewesen und Information der Regierung. Auslandsgeheimdienst der Russischen Föderation, gegr. 1995 mit dem Schwerpunkt: Auslands- und Funkaufklärung sowie Kryptologie. Offiziell gilt die FAPSI seit März 2003 als aufgelöst.

FAQ

Abk. für engl. Frequently Asked Questions.

FBI

Federal Bureau of Investigation. US-Inlandsgeheimdienst mit besonderen polizeilichen Aufgaben, gegr. 1908.

Siehe auch: Behörden, Sicherheits- / USA

FDE

Abk. für engl. Full Disk Encryption, dt. Festplatten-Verschlüsselung. Verschlüsselung aller Daten auf einer Festplatte.

Feds

Abk. für »Federals«. Netzjargon für das FBI oder andere Strafverfolgungsbehörden.

Siehe auch: Behörden, Sicherheits- / USA

FEMA

Abk. für engl. Federal Emergency Management Agency. Bundesagentur der Vereinigten Staaten für Katastrophenschutz und nationale Koordinationsstelle für Katastrophenhilfe, gegr. 1979.

Fernmeldeaufklärung

Siehe: SIGINT.

File Carving

IT-forensische Analysemethode, um gelöschte Dateien wiederherzustellen.

Filesharing

Austausch von Dateien mit anderen Teilnehmern. Der Austausch geschieht über einen zentralen Server oder über ein dezentrales Filesharing-System. Abhängig vom System müssen die Teilnehmer spezielle Client-Software installieren, zum Beispiel: eDonkey, BitTorrent, eMule oder das Filesharing geschieht durch Mehrbenutzer-Kommunikations-Systeme (z. B. Chat-Programme: mIRC, KVIrc, Pidgin) oder soziale Netzwerke.

Filo, David

Mitbegründer des Internetverzeichnisses Yahoo, geb. am 20. April 1966 in Moss Bluff, USA.

Siehe auch: Yahoo.

Finanzagenten

Siehe: Money Mules | Cybercrime.

Fingerabdruck, digitaler-

Siehe: MD5-Hash | Virensignatur | Biometrie.

Fingerprinting

Siehe: User Tracking.

FinTS

Financial Transaction Service. Nachfolgestandard von Homebanking Computer Interface (HBCI).

Siehe: HBCI.

Firewall

Ein Firewall beinhaltet hardware- oder softwarebasierte Sicherheitssysteme. An zentralen Übergangspunkten von Netzwerken unterschiedlicher Vertrauensstellung installiert, kann ein Firewall innerhalb des firmeneigenen Netzwerkes die Absicherung und Rechtevergabe zwischen unterschiedlichen Abteilungen eines Unternehmens sicherstellen und unerwünschte Zugriffe oder Datenströme aus dem Internet abschirmen. Meist beinhalten Firewall-Lösungen mehrere Sicherheitsglieder – zum Beispiel: Überwachung der Port-Freigaben, Echtzeitprüfung von Paket-Inhalten, Paketfilterung, Angriffserkennungssysteme, eine de-militarisierten Zone, Virenschutz. Synonym: Sicherheitsgateway; Elektronischer Wächter.

Firmware

Gebildet aus der englischen Wortreihe: »firm« für fest und »ware« für Ware bzw. Erzeugnis. Herstellerspezifische Informationen, die im Festwertspeicher der Hardware abgelegt sind.

Five-Eyes (-Geheimdienste)

Geheimdienste der Länder: USA, Großbritannien, Kanada, Australien und Neuseeland, die gemeinsam in Arbeitsteilung tätig sind.

Flash, (Adobe Flash Player)

Plug-in zur Wiedergabe von multimedialen Inhalten im Browser. Mit der plattformunabhängigen Laufzeitumgebung: AIR (Adobe Integrated Runtime) können Anwendungen, ähnlich der »Java Virtual Machine« auch ohne einen Browser selbstständig auf dem Desktop laufen.

Flash-Cookies

Siehe: Cookies.

FlexiSpy

Siehe: Spionage-Apps.

Flickercode

Flimmernder Barcode beim Online-Banking-Account, der über eine optische Schnittstelle des TAN-Generators gelesen wird.

Synonym: Barcode, Flimmernder-.

Siehe auch: TAN.

Flooder

Schadprogramm, welches E-Mail-Server, Chat-Server oder ähnliche Dienste mit Spam-Nachrichten überflutet oder durch das massenweise Versenden von IP-Paketen die Ziel-Systeme lahmlegen.

Synonym: Spammer-Tool; Flooding-Tool.

Siehe auch: LOIC | DDoS | FloodNet-Protest.

FloodNet-Protest

Am 10. April 1998 legten ca. 8.000 Internet-Aktivisten die Websites der mexikanischen Regierung lahm. Die Aktivisten des sogenannten »FloodNet-Protests« kamen einer Aufforderung der Cyberspace-Guerilleros EDT (Electronic-Disturbance-Theater) nach, die mit dieser Aktion die Rebellengruppe Zapatista unterstützten.

Die Protagonisten des FloodNet-Protests: Ricardo Dominguez, Stefan Wray, Carmin Karasic und Brett Stalbaum setzten erstmalig eine softwaregestützte Form des politischen Protests ein, nämlich ein Java-Script.

Dieses wurde derart programmiert, dass es die anvisierten Websites im Sekundentakt aufforderte, neu zu laden, bis der Webserver seinen Dienst quittierte, was einer Denial-of-Service-Attacke gleichkommt. Der FloodNet-Protest beinhaltete darüber hinaus eine Angriffsmethode, die als »error-log-spamming« bekannt ist: Die Hacker hinterließen in den Error-Logfiles der Server eine Nachricht. Ein Java-Applet generierte eine Anfrage an Zielserver, in der eine nichtexistierende Subdomain mit dem Namen »human_rights« angefordert wurde. Die Zielserver antworteten mit der üblichen Fehlermeldung »404«. Wobei der Name der »nichtexistierenden Subdomain« als Teil der Fehlermeldung zurückgegeben wurde. Die vollständige Fehlermeldung lautete demnach:

404 - human_rights not found on this server

FMS-Attack

Abk. für engl. Fluhrer - Mantin - Shamir. Stromchiffre-Angriff auf das WEP-Protokoll, benannt nach den Anfangsbuchstaben der Nachnahmen der Entwickler: Scott Fluhrer, Itsik Mantin und Adi Shamir, 2001.

Synonym: Stream Cipher Attack; Stromchiffre-Angriff.

Follina

Laut BSI [22], mit Verweis auf den Sicherheitsforscher Kevin Beaumont, ein »Remote-Execution-Bug«. Die Schwachstelle ist ein »High-Risk Vulnerability«, weil es vergleichsweise viele Menschen gibt, die Office-Produkte nutzen.

---

[22] bsi.bund.de/ 15.6.22

Bedrohungsakteure können damit ihren eigenen Schadcode in ein Windows-System einschleusen. »Die Schwachstelle kann mithilfe einer präparierten Word-Datei ausgenutzt werden, wodurch Angreifende in die Lage versetzt werden, auf Basis der im Dokumenten-Verarbeitungsprogramm enthaltenen Remote Template-Funktion den Download einer HTML-Datei aus dem Internet anzustoßen. Dies kann zur weiteren Ausführung von PowerShell Code missbraucht werden, wodurch angreifende Programme Daten anzeigen, ändern oder löschen können.«[23] 2020-2022.

Siehe auch: REB| CMD | Visual Basic.

FORTRAN

Höhere Programmiersprache für mathematische und wissenschaftliche Anwendungen, 1954 von IBM eingeführt.

FQDN

Abk. für engl. Fully Qualified Domain Name.

Siehe auch: URL.

FSB

Abkürzung für russisch: Federalnaja sluschba besopasnosti Rossijskoi Federazii, dt. Föderaler Dienst für Sicherheit der Russischen Föderation. Inlandsgeheimdienst der Russischen Föderation. Gilt als Nachfolgeorganisation des KGB, seit 1991.

---

[23] bsi.bund.de/ 15.6.22

FTP

Abk. für engl. File Transfer Protocol. Dateiübertragungs-Protokoll für den bidirektionalen Datenaustausch, z.B. Download über TCP/IP-Netzwerke.

Synonym: Netzwerkprotokoll.

Funkschlüssel

Siehe: RFID.

Funktechnologie

Siehe: GSM | WLAN | Bluetooth | RFID.

Siehe auch: PRISM | IMSI-Catcher | NewsTweek | Wardriving.

Funktionalitätsangriff

Siehe: Abuse-of-Functionality.

Funktion, Streuwert-

Siehe: Hash.

Fuzzy-Suche

Unscharfe Suche einer Zeichenkette in einem Text.

Synonym: Datenanalyse; Ähnlichkeitsmaß; Approximate String Matching.

G

GAN

Generative Adversarial Networks. Erzeugung künstlicher Daten basierend auf dem »Machine Learning« von KI-Systemen, zum Beispiel in der Bild- und Videobearbeitung. Laut Paul van der Laken[24] wurde das Konzept von GAN 2014 von Ian Goodfellow eingeführt: demnach ist GAN eine »Architektur für maschinelles Lernen, bei der zwei neuronale Netze gegeneinander konkurrieren. Einer von ihnen fungiert als Diskriminator und versucht, die Datenklassifizierung zu optimieren (d.h. festzustellen, ob auf einem Bild eine Katze zu sehen ist oder nicht). Der andere fungiert als Generator und versucht, neue Daten zu generieren, um den Diskriminator zu täuschen (d.h. realistische gefälschte Bilder von Katzen zu erstellen). Mit der Zeit wird das Generatornetzwerk immer besser darin, realistische Daten zu simulieren und das reale Leben nachzuahmen.«

Synonym: Machine Learning.

Siehe auch: KI | Allen, Paul Gardner | Microsoft.

Gastbetriebssystem

Siehe: Virtualisierung.

Gastrechner

Siehe: Host.

---

[24] paulvanderlaken.com, 30.10.2017

Gates, »Bill« Henry William

Softwareentwickler & Unternehmer, Mitbegründer der Microsoft Corporation, geb. am 28. Oktober 1955 in Washington, USA.

Siehe auch: Allen, Paul Gardner | Microsoft.

Gateway

Dt. Durchgang. Ein Gateway verbindet Netzwerke mit unterschiedlicher Netzwerk-Architektur.

Synonym: Vermittlungsgerät.

Gathering

Siehe: Information Gathering.

GCHQ

Abk. für engl. Government Communications Headquarters. Britische geheimdienstliche Organisation - mit dem Schwerpunkt, ausländische Regierungen zu überwachen sowie Kommunikationsverbindungen zu entschlüsseln, gegr. 2008.

Geheimdienste

Siehe: Behörden, Sicherheits-

Geheimtext

Siehe: Ciphertext.

Geldautomaten Betrug

Siehe: Skimming | Jackpotting.

Geldwäsche

Siehe: Money Mules | Smurfing.

GEMA

Gesellschaft für musikalische Aufführungs- und mechanische Vervielfältigungsrechte, gegr. 1933.

Geoblocking

Ländersperre. Betrifft überwiegend Film- und Fernsehrechte von TV-Sendern. Seitenbetreiber wollen damit die Rechte Dritter wahren.

Siehe auch: Anonym Surfen | TOR-Netzwerk | VPN.

GEOINT

Abk. für engl. Geospacial Intelligence. Raumbezogene Aufklärung.

Gerätenummer

Siehe: IMEI (Mobiltelefon) | IMSI (SIM-Karte) | MAC (Netzwerkadapter).

Gesalzener Hash

Siehe: Salted-Hash.

GhostNet

Das chinesische Spionagenetzwerk GhostNet kompromittierte im Sommer 2007 weltweit ca. 1.300 Computer. Überwiegend waren Botschaften und Außenministerien betroffen.

Laut Richard A. Clarke [25] seien die vorrangigen Ziele: Büros, die in Verbindung zu tibetischen Nichtregierungs-Organisationen standen.

Die Chinesen seien in der Lage gewesen, »Webcam und Mikrofon eines Computers ohne Wissen des Benutzers aus der Ferne einzuschalten und Bild und Ton unbemerkt an Server in China zu schicken.« Die Datenströme ließen sich zu der chinesischen Stadt Chengdu zurückverfolgen. Chengdu ist die Hauptstadt der Provinz Sichuan im Südwesten Chinas und auch die Basis des chinesischen Geheimdienstes: PLA.

GhostShell, Team-

Die Anonymous nahestehende Hacktivisten-Gruppe präsentierte im Dezember 2012 eine sehr lange Liste von ca. 150 deep-links zu bekannten Filehostern der Szene, die ihre Leaks zum Download bereitstellten.

Die Dumps waren auf drei verschiedenen Mirror-Sites bekannter Filehoster verteilt, und vermutlich alle mittels SQL-Injektion erzeugt, – unter anderem waren die folgenden Institutionen und Unternehmen kompromittiert worden: NASA, ESA, das Pentagon sowie diverse Raumfahrt-, Luftfahrt- und Rüstungsunternehmen, die Wall Street, CIA-Dienste, das MIT, Sicherheitsfirmen und Polizeibehörden, Waffenhändler, Internet-Hosting-Dienste etc.

Gilgamesch

Siehe: IMSI-Catcher.

---

[25] World Wide War

Glasfaserkabel

Siehe: Lichtwellenleiter.

Gonzalez, Albert

Siehe: TJX Corporation Hack.

Google

US-amerikanisches Technologieunternehmen und Internet-Suchmaschine, gegr. von Brin, Sergei Michailowitsch und Page, Larry Edward. Online seit 15. September 1997. Seit 2015 Tochtergesellschaft von Alphabet Inc.

Siehe auch: Suchmaschine.

Google Play Store

Offizieller Marktplatz des US-amerikanischen Unternehmens Google. Im Play Store finden sich Filme und Bücher, vor allem aber Software - also Apps - für Android-Smartphones und Android-Tablets. Kriminelle Cyberakteure haben sich im Laufe der Jahre sehr gut an neue Auflagen im Google Play App Store angepasst und einen Weg gefunden, ihre Schadsoftware »an den Mann zu bringen«. Oft gelangt Android-Malware durch den offiziellen Google Play Store auf das Smartphone. Gefälschte Apps, verkleidet als Banking-Trojaner, Barcode-Scan-Apps, Games etc. können zu erheblichen finanziellen Verlusten führen. Bestenfalls spüren »Betroffene die Auswirkungen in Form von einem leeren Akku und verbrauchtem Datenvolumen«.[26]

---

[26] inside-digital.de

Bekannte ANDROID-Malware -Apps sind:

Beauty Slimming Photo Editor, Bitcoin Master, Bling Game *, cqwawang *, Crazy Magic, CryptoTracker, Data Recovery, DMB TV, File Manager, File Recovery, GIF Camera Editor Pro, Gym and Fitness Trainer, Happy 2048, HexaPop Link 2248, iRecorder, Jelly Connect, Jia22 *, Macaron Boom, Macaron Match, Master Scanner Live, Master Scanner Live, Mega Win Slots, PDF AI : TEXT RECOGNIZER, PDF Document Scanner, PDF Document Scanner - Scan to PDF, PDF Document Scanner, Free, Photo Effect Editor, Protection Guard, QR CreatorScanner, QR CreatorScanner, QR Scanner, QR Scanner 2021, Tiler Master, Two Factor Authenticator, XM Studio *, Zhinuo Technology * [27]

Siehe auch: Spionage-Apps | Phishing-Attacke.

GPS

Abk. für engl. Global Positioning System, dt. weltweites Positionsbestimmungssystem. Ursprünglich 1973 für das US-Militär entwickelt, betreibt und wartet heute die US-Luftwaffe das satellitengestützte Navigationssystem.

Das System stellt für den zivilen Bereich Ortungs-, Navigations- und Zeitgebungsdienste zur Verfügung. Den offiziellen Informationen der US-Regierung zufolge befanden sich bis zum 17. Oktober 2019 insgesamt 30 Satelliten im Einsatz, stillgelegte Systeme auf der Erd-Umlaufbahn nicht eingerechnet. Konkurrierende Lokalisierungsverfahren sind: GLONASS (Russland), Galileo (Europa) und Beidou (China).

Synonym: Lokalisierungsverfahren; Navigationssystem.

---

[27] *Entwickler-Name

Grafikformat (standardisiert)

Siehe: JPEG.

Grizzly Steppe

Bezeichnung russischer Akteure, die 2016 Cyberattacken auf US-Behörden, Parteien und Organisationen durchführten. Als Beweggrund galt die Präsidentschaftswahl in den Vereinigten Staaten. Der Name stammte von FBI-Ermittlern im Hinblick auf die beteiligten Hacker-Gruppen: »Fancy Bear« und »Cozy Bear«.

GRU

Glawnoje Raswedywatelnoje Uprawlenije. Russischer Militär-geheimdienst.

GSM

Abk. für engl. Global System for Mobile Communication. Name für die Architektur des europäischen Mobilfunknetzes im 900-MHz-Bereich (GSM 900) und im 1,8-GHz-Bereich (GSM 1800). Beinhaltet die Mobilfunk-Generationen:

2G: GSM, global System for Mobile Communications, GPRS, General Packet Radio Service, EDGE (Enhanced Data Rates for GSM Evolution). 3G: UMTS, Universal Mobile Telecom-munications System, HSPA, Highspeed-Packet Access. 4G: LTE, Long Term Evolution.

Synonym: Mobilfunkstandard.

Siehe auch: IMEI | IMSI | MNO | PRISM | PUK | SIM-Karte.

GST

Abk. für engl. (Operation-) Greystone. Geheimer Krieg der USA, der in zwölf Ländern gegen die Al-Qaida geführt wurde.

Guy Fawkes Day

5. November 1605. An diesem Tag gedenken die Briten des gescheiterten Attentats auf den britischen König und auf das Parlament. Der Anschlag wurde von dem katholischen Dissidenten Guy Fawkes durchgeführt. Nachdem in der Comicverfilmung »V for Vendetta« der Protagonist Guy Fawkes mit einer Musketier-Maske dargestellt wurde, nutzte das Hacker-Kollektiv Anonymous die »Guy Fawkes Maske« bei allen Demonstrationen gegen die Scientology-Organisation. Die Maske steht im Prinzip für einen anarchistischen Freiheitskämpfer, der Terrorakte zur Bekämpfung der Unterdrückung einsetzt.

Siehe auch: Anonymous.

G-Zero

»G-Zero« war der Aliasnamen von dem Hacker Edward Pearson. Der 23-Jährige aus dem englischen Yorkshire erbeutete vom 1. Januar 2010 bis 30. August 2011 eine umfangreiche Datenmenge. Er hatte Zugriff auf 200.000 PayPal-Accounts und verschaffte sich Zugang zu Daten über Nokia- und AOL-Mitarbeiter. Nach seiner Festnahme fanden Ermittler über 8.000.000 Namen, Geburtsdaten und Anschriften von britischen Bürgern. Laut Polizeiangaben würden die gestohlenen Identitäten - ausgedruckt - einen 67.500 doppelseitigen DIN-A4-Stapel füllen.

Der Anwalt des Hackers Andrew Bodnar sagte, sein Mandant habe keine finanziellen Interessen, vielmehr sei es für ihn eine intellektuelle Herausforderung gewesen.

Laut zdnet.de[28] versuchte der Hacker über das Forum DigitalSpy ein System für das Rippen von Online-Videos zu verbreiten. Er habe sich dort mit Realnamen und Anschrift registriert, sodass die Ermittler ihn mit seinem Aliasnamen: »G-Zero« in Verbindung bringen konnten. Edward Pearson wurde zu 26 Monaten Haft verurteilt.

---

[28] Florian Kalenda, 5.4.2012

H

Hackback

Gegenschlag nach einer Cyberattacke.

Synonym: Digitaler Gegenschlag.

Hacker / Hacking

Die 50er-Jahre in den USA gelten als »die Wiege des Compu-
ter-Hackertums.« Das Wort »hack«, am MIT[29] schon länger
gebräuchlich für studentische Scherzaktionen, bekam am
TMRC[30] eine neue Bedeutung: »Für die S&P-Leute[31] war ein
Hack eine besonders kreative, virtuose und mit großem Enga-
gement entwickelte Lösung für ein vertracktes elektronisches
Problem.«[32]

In den 80er-Jahren, als der interaktive Online-Dienst BTX in
Deutschland eingeführt wurde und Heimcomputer boomten,
wandelte sich der Begriff erneut: Für Insider bedeutet Hacking,
durch spielerisches Experimentieren und Forschen, Beschrän-
kungen von technischen Geräten zu überwinden und Schwachstellen aufzuzeigen.

Im Behördendeutsch ist aktuell mit dem Begriff »Hacking«
eine kriminelle Aktivität gemeint, insbesondere ein Angriff im
Cyber- und Informationsraum durch einen entfernten Angreifer, einen Hacker.

---

[29] Massachusetts Institute of Technology

[30] Tech Model Railroad Club: Modelleisenbahn-Club/ MIT

[31] Leute, die sich um die Elektronik kümmerten.

[32] Boris Gröndahl, Hacker, Rotbuch 3000

Laut dem Duden sind Hacker Menschen, die »durch geschicktes Ausprobieren und Anwenden verschiedener Computerprogramme, mithilfe eines Rechners, unberechtigt in andere Computersysteme eindringen«.

Synonym: Codebrecher; Computerkriminelle; Daten-Saboteure, Cyber-Terroristen.

Hackerethik (CCC)

Die Hackerethik des Chaos Computer Clubs besagt: »Der Zugang zu Computern und allem, was einem zeigen kann, wie diese Welt funktioniert, sollte unbegrenzt und vollständig sein. Alle Informationen müssen frei sein. Misstraue Autoritäten - fördere Dezentralisierung. Beurteile einen Hacker nach dem, was er tut, und nicht nach üblichen Kriterien wie Aussehen, Alter, Rasse, Geschlecht oder gesellschaftlicher Stellung.

Man kann mit einem Computer Kunst und Schönheit schaffen. Computer können dein Leben zum Besseren verändern. Mülle nicht in den Daten anderer Leute. Öffentliche Daten nützen, private Daten schützen«.

Hackerparagraph

§ 202c StGB. Umstrittener Paragraph, der im Mai 2007 vom Deutschen Bundestag verabschiedet wurde. Demnach beginge bereits jmd. eine Straftat, der »Hacker-Tools« benutzt, um sogenannte Penetrationstests durchzuführen, also Server und Netzwerke auf Sicherheitslücken überprüft.

Hackerville

Beiname der rumänischen Stadt Râmnicu Vâlcea. Ehemals Hochburg von kriminellen Hackern und Internetbetrügern.

Hackerwährung

Siehe: BTC.

Hacktivist

Gebildet aus der Wortreihe »Hacker« und »Aktivist«. Ideologisch motivierte Cyber-Akteure; also Hacker, die aus politischen Gründen Cyberattacken durchführen. Laut dem BSI wollen die Akteure[33] »auf einen politischen, gesellschaftlichen, sozialen, wirtschaftlichen oder technischen Missstand aufmerksam machen«, wobei sich Geheimdienste auch als Aktivisten tarnen, »und auch das Aktivistengruppen infiltriert, eigens gegründet oder ihre Existenz simuliert wird, gehört zum Standardrepertoire geheimdienstlicher Operationen.«[34]

Synonym: Patriotic Hacker; Cyber-Aktivisten; Hacktivismus.

Hadopi

Abk. für frz. Haute Autorité pour la Diffusion des oeuvres et la Protection des Droits sur Internet. Französische Behörde für den Schutz von Rechten im Internet.

Hardlock

Siehe: HSM (Hardware Security Modul).

Hash

Aus dem engl. »to hash« = kleinhacken, zerhacken. Mathematische Funktion mit den Hauptkriterien:

---

[33] BSI: Leitfaden zur Reaktion auf IT-Sicherheitsvorfälle

[34] C. Kurz / F. Rieger, Cyberwar / Die Gefahr aus dem Netz

- Ähnliche Klartext-Eingabewerte sollen zu völlig unterschiedlichen Hashwerten führen (Kollisionsfreiheit).
- Aus dem Hashwert darf der ursprüngliche Klartext nicht abgeleitet werden.
- Der Hash (Komprimat) ist kleiner als der Eingabewert.

Hash-Funktionen finden Anwendung:

- in der Kryptologie.
- in Prüfsummen, um Übertragungsfehler zu erkennen.
- in Datenbanken, um Suchanfragen zu verbessern.
- in Rechtschreibprüfprogrammen.

Synonym: Streuwertfunktion; Einwegfunktion.
Siehe auch: MD5-Hash | Bloom-Filter.

Haustechnik

Siehe: Internet der Dinge | Smart-Home | SHODAN.

HBCI

Abk. für Homebanking Computer Interface. Standardisierte Schnittstelle für den Betrieb von Onlinebanking in Deutschland. Der Nachfolgestandard ist bekannt als: »Financial Transaction Service« (FinTS). Es gibt HBCI mit PIN/TAN, HBCI mit Chipkarte und HBCI mit Schlüsseldatei.
Synonym: Sicherheitsverfahren; Homebanking.

HBGary-Hack

Cyberattacke gegen den US-amerikanischen Sicherheits-Dienstleister »HBGary« im Februar 2011.

Die Cyberattacke erfolgte durch Anonymous, nachdem Aaron Barr, der Geschäftsführer, in der Financial Times ankündigte hatte, das Hacker-Kollektiv zu unterwandern. HBGary arbeitete für das Department of Homeland Security, für das US-Special Operations Command, für deutsche Landeskriminalämter sowie für den Militärtechnikspezialisten: Northrop Grumman.

HDCP

Abk. für engl. High-Bandwidth Digital Content Protection. Kopierschutz-System, welches das Abgreifen von Datenströmen bei der digitalen Bild- und Ton-Übertragung unterbindet - entwickelt 2002.

Siehe auch: Kopierschutz.

Heartbleed Bug

Sicherheitslücke bei der Implementierung von OpenSSL. Angreifer können damit Zugriff auf den Arbeitsspeicher erlangen und Passwörter auslesen.

Hexadezimalsystem

Die Basis des Hexadezimalsystems ist 16, - für die Darstellung benötigt man demzufolge 16 Ziffern:

0, 1, 2, 3, 4, 5, 6, 7, 8, 9, A, B, C, D, E, F.

Für das hexadezimale Zahlensystem werden jeweils 4 Stellen des dualen Zahlensystems zusammengefasst:

$2\uparrow 4 = 16$.

Siehe: Duales Zahlensystem | Nibble.

Hive

Siehe: Ransomware.

Hoax

Fachjargon für eine Falschmeldung.

Homebanking

Abwicklung von Bankgeschäften über das Internet mittels Desktop-PC, Laptop, Tablet oder Smartphone.

Synonym: Electronic Banking; Online-Banking.

Siehe: FinTS | HBCI.

Homografischer Angriff

Angriffsmethode, bei der Cyberkriminelle im Rahmen einer Phishing-Attacke Opfer zu einer URL locken, die scheinbar dem Original entspricht, aber tatsächlich auf eine manipulierte Webseite führt. Die Täuschung erfolgt durch eine WWW-Adresse, die mit ähnlich aussehenden Schriftzeichen versehen wurde wie die Original-URL.

Honeypot

Dt. Honigtopf. Fachjargon für ein gefaktes virtuelles Netzwerk. Der virtuelle Raum dient der Ablenkung und Irreführung eines potenziellen Angreifers.

Hopper, Grace

US-amerikanische Informatikerin, geb. am 09. Dezember 1906, † 01. Januar 1992.

Siehe auch: COBOL.

Host

Ein Host, engl. für »Gastgeber«, kann eine Arbeitsstation, ein Server, ein Druckserver oder ein Router sein, der mit einem Netzwerkadapter in einem lokalen Netzwerk eingebunden ist. Ein Host kann auch eine Ressource im Internet sein.

Synonym: Gastrechner.

HOSTS / Datei

Weil eine numerische Schreibweise für Menschen ungeeignet ist, werden den IP-Adressen im Internet die allseits bekannten alphabetischen Webadressen zugeordnet, zum Beispiel: www.irgendwas.de. Gibt ein User in seinem Browser eine WWW-Adresse ein, lädt das Betriebssystem zuerst einmal die Textdatei »HOSTS« im internen Systemverzeichnis. Danach überprüft das Betriebssystem, ob dort bereits eine Zuordnung von WWW-Adresse und IP-Adresse hinterlegt wurde. Ist das nicht der Fall, kontaktiert der Browser einen DNS-Server im Internet.

Siehe auch: IP-Adresse, Internet-.

Hotspot

Zugangspunkt zum Internet über WLAN in öffentlichen Gebäuden oder in Hotels.

Siehe auch: Tethering.

Synonym: Drahtlostechnologie; Internetzugangspunkt.

HPC

Abk. für engl. High-Performance-Computing. Supercomputer zur Lösung fortgeschrittener, komplexer Rechenprobleme.

Synonym: Supercomputing; Hochleistungsrechner.

HSM

Abk. für engl. Hardware Security Modul, dt. Hardware-Sicherheitsmodul. HSM-Module enthalten kryptographische Schlüssel: An einen Computer angeschlossen, ermöglichen sie damit die Nutzung einer speziellen Software.

Synonym: Dongle; Hardlock; Kopierschutzstecker.

Siehe auch: Kopierschutz | PSE.

HTML

Abk. für engl. Hypertext Markup Language. Programmiersprache für Webinhalte, die es erlaubt, klickbare Querverweise (Hyperlinks) und Formatierungs-Anweisungen in den Textinhalt einzubetten. Entwickelt von Tim Berners-Lee 1989.

Synonym: Auszeichnungssprache.

Siehe auch: Website | Internet | Tim Berners-Lee | Browser | URL | Hyperlink.

HTTP

Abk. für engl. Hypertext Transfer Protocol. Hypertext-Übertragungsprotokoll, i.d.R. für Port 80 bestimmte Webinhalte. Webadresse oder Links beginnen mit der Nennung: »http://(...)«.

Synonym: Internetprotokoll; Dienstprotokoll.

HTTP-Server

Siehe: Webserver.

HTTPS

Abk. für engl. Hypertext Transfer Protocol Secure:

»Sicheres« Hypertext-Übertragungsprotokoll für Webinhalte, beginnt mit der Nennung: »https://(...)«. Über HTTPS via SSL/TLS erfolgt eine Bestätigung, dass es sich tatsächlich um die Internetseite handelt, die der Nutzer adressiert hat. Dazu wird das, von einer vertrauenswürdigen dritten Verifizierungsinstanz, ausgestellte Zertifikat genutzt.

HUMINT

Abk. für engl. Human (Source) Intelligence. Das Sammeln von Informationen mit Hilfe menschlicher Quellen.

Hydra Market

Russischsprachige Darknet-Plattform, aktiv seit 2015. Laut BKA, mit über 50 Server und 1,8 Petabyte Daten, der »größte und umsatzstärkste illegale Darknet-Marktplatz«. Die in Deutschland befindliche Serverinfrastruktur wurde von ZIT und BKA in Abstimmung mit US-Strafverfolgungsbehörden am 5. April 2022 sichergestellt und geschlossen.

Siehe auch: Darknet.

Hyperlink

Ein Hyperlink – auch einfach »Link« – ist ein klickbarer Querverweis in einem Hypertext, der zu einer anderen Publikation im Internet führt (Externer-Link) oder an eine andere Stelle innerhalb des aktiven Dokuments führt (Interner-Link). Hyperlinks basieren auf der Auszeichnungssprache HTML.

Sie bilden die Grundlage des Internets.

Synonym: Link; URL; Internetadresse; Web-Adresse; WWW-Adresse.

Siehe auch: HTTP | HTTPS | URL | HTML | Internet | Tim Berners-Lee | Browser.

Hypertext

Siehe: HTML | Hyperlink.

I

IAM

Identity und Access Management. Zentrale Steuerung innerhalb einer Organisation, die festlegt, welche Benutzer autorisiert sind und auf welche Ressourcen sie zugreifen können.

ICMP

Internet Control Message Protocol. ICMP liefert Fehlerberichte und Diagnosen für ein IP-Netzwerk.

Siehe auch: IP-Adresse, Internet- | ping.

IDEA

Abk. für engl. International Data Encryption Algorithm. Symmetrisches Verschlüsselungsverfahren, 1990 von Xuejia Lai und L. Massey als Alternative zum DES vorgestellt.

Identifikator, Online-

Siehe: Cookies | User Tracking | Session-ID.

Identifizierung

Überprüfung der Identität: Prozess, bei dem festgestellt wird, ob jemand (oder etwas) das ist, was er vorgibt zu sein.

Synonym: Identitätsfeststellung; Authentifizierung; Authentication; Accountability; Zurechenbarkeit.

Siehe auch: Identifizierungsmethoden.

Identifizierungsmethoden

Können sein:

1. Identitätsfeststellung,
    oder innerhalb einer Organisation:
2. der Identitäts- und Zugriffsverwaltung (IAM).

Identitätsfeststellung

Die Überprüfung der Identität eines Benutzers kann erfolgen durch:

1. eine Anmeldung:
    mit Username, Passwort, PIN und Telefonnummer.

2. persönlich:
    - Post-Ident- oder Video-Ident-Verfahren.
    - mit einem Personalausweis gegenüber einem Registrierungspartner vor Ort.

3. einer Legitimation mit kryptokrafischen maschinenlesbaren Informationen:

    - mit der Europäischen eID-Karte mit Online-Ausweisfunktion oder Personalausweis:

        a. per Smartphone (Android oder iOS) mit »Extended Length«-Funktion, AusweisApp, NFC-Schnittstelle als Kartenleser.
        b. mit kompatiblen Kartenlesern

und/oder durch andere:

biometrische Verfahren, zum Beispiel: Augensignatur-Erkennung, Bildvergleich, Fingerabdruck-Vergleich, Gesichts-Erkennung, Hand-Datenvergleich, Stimm-Analyse, Unterschrifts-Erkennung in Verbindung mit spezieller Hard- und Software.

Synonym: Personenüberprüfung, Identifizierungsmethode.

Siehe auch: Authentifizierung | Individualkennung.

Identitätsbeweis

Siehe: Certificate Authority (CA).

Identitätsdiebstahl

Betrug, der mit Identifizierungsmittel einer anderen Person begangen wird.

Synonym: Identitätsbetrug; Datenmissbrauch; Identity Theft.

Siehe auch: Skimming | Phishing-Attacke | Vishing | Snarfing | Dumpster Diving | Social Engineering | Information Gathering.

IDS

Abk. für engl. Intrusion Detection System, dt. Angriffserkennungssystem. Verfahren zur Überwachung und Analyse der Aktivitäten in einem Netzwerk, um Bedrohungen und Angriffe zu erkennen.

Bei Angriffserkennungssystemen kann man grundsätzlich zwei Arten unterscheiden:

⇨ Signaturbasierte Intrusion Detection Systeme (SIDS)

⇨ Anomalie-basierte Intrusion Detection Systeme (AIDS).

Eine signaturbasierte Erkennung erfolgt mittels einer Datenbank, bei der bereits Byte-Folgen oder Sequenzen von Ereignissen hinterlegt sind. Stimmt eine (Attack-)Signatur mit der eines früheren Einbruchs überein, wird ein Alarmsignal ausgelöst.

Bei Anomalie-basierten Intrusion Detection Systemen wird ein System auf allgemeine, von der Norm abweichende Muster hin untersucht. Jede signifikante Abweichung kann als Anomalie angesehen und somit als ein Angriff interpretiert werden. Die Grundannahme für diese Techniken ist, dass böswilliges Verhalten sich von typischem Benutzerverhalten unterscheidet.

Ein Intrusion Prevention System (IPS) erkennt Angriffe und wehrt diese automatisch ab.

Synonym: Eindringling-Erkennungssystem.

Siehe auch: Firewall | Antiviren-Programm.

ifconfig

Linux-Befehlszeilenprogramm: Zeigt ohne Optionen (flag) alle Ethernet-Adapter sowie deren Konfigurationswerte an, - das Windows- Pendant lautet: »ipconfig /all«.

Mit Angabe des Ethernet-Adapters lässt sich dieser - zum Beispiel deaktivieren, die MAC-Adresse ändern, und wieder aktivieren:

ifconfig wlan0 down

iwconfig wlan0 hw ether 00:00:00:00:00:00

ifconfig wlan0 up

Synonym: ip address; Netzwerkschnittstelle.

IIS

Internet Information Server. Primäre Webserverlösung von Microsoft. Versionen von IIS: [35]

---

[35] lt. ChatGPT 3.5, 20.1.2024

1. IIS 6.0: Diese Version wurde mit Windows Server 2003 eingeführt.

2. IIS 7.0: Diese Version wurde mit Windows Server 2008 eingeführt und brachte verbesserte Leistung, Sicherheit und Verwaltungsfunktionen mit sich.

3. IIS 7.5: Eine Aktualisierung von IIS 7.0, die mit Windows Server 2008 R2 eingeführt wurde, brachte zusätzliche Funktionen und Verbesserungen mit sich.

4. IIS 8.0: Diese Version wurde mit Windows Server 2012 veröffentlicht und führte Funktionen wie Server Name Indication (SNI) und WebSockets ein.

5. IIS 8.5: Eine Aktualisierung von IIS 8.0, die mit Windows Server 2012 R2 eingeführt wurde. Sie brachte Verbesserungen in den Bereichen Leistung, Verwaltung und Sicherheit mit sich.

6. IIS 10.0: Diese Version ist in Windows Server 2016 und Windows 10 integriert und führte Verbesserungen in den Bereichen Sicherheit und Leistung ein.

IKT

Abk. für Informations- und Kommunikationstechnik.

ILOVEYOU-Virus

Siehe: Visual Basic.

IMAP

Siehe: E-Mail-Konto-Abruf.

IMEI

Abk. für engl. International Mobile Station Equipment Identity. Gerätenummer zur eindeutigen Identifizierung von Mobilfunk-Endgeräten.

Synonym: UID (Unique IDentifier).

IMSI

Abk. für engl. International Mobile Subscriber Identity. Die IMSI-Nummer dient der Identifizierung von Teilnehmern in Mobilfunk-Netzwerken. Mobilfunknetzbetreiber speichern diese bereits bei der Herstellung auf der SIM-Karte.

Synonym: SIM-Nummer.

Siehe auch: SIM-Karte.

IMSI-Catcher

Abk. für engl. International Mobile Subscriber Identity - Catcher, dt. »Fänger von Mobilfunkteilnehmern«. Geräteanordnung für eine Angriffsmethode im Kontext einer »Man-in-the-Middle-Attack«.

Ein IMSI-Catcher, eingesetzt in der Nachrichten- und Abhörtechnik, besteht im einfachsten Fall aus einem Laptop, der mit einer speziellen Sende- und Empfangseinheit verbunden ist. Die Sende- und Empfangseinrichtung simuliert Funkzellen von Mobilfunknetzbetreibern und »fängt« die IMS-Identifikationen aller Mobilfunk-Endgeräte im Einzugsbereich ein. Mit dem »Catcher« lässt sich dann ein bestimmter Nutzer über die IMSI herausfiltern. Gegenüber der regulären Funkzelle gibt sich der Catcher als Endgerät aus, so dass ein Abhören oder Manipulieren der Gespräche und Daten möglich ist.

Ebenso ist eine Ortung des kompromittierten Teilnehmers möglich. Eine Variante der Man-in-the-Middle-Attack im Mobilfunk betiteln koreanische Sicherheitsforscher mit »SigOver-Attack« (Signal Overshadowing Attack).

Siehe auch: MITM-Attack.

Individualkennung

Siehe: Biometrie | Identifizierungsmethoden.

Information Gathering

Sammlung von Informationen, die für Cyberattacken genutzt werden. Zum Beispiel:

- Daten über E-Mail-Server des Unternehmens, E-Mail-Adresse.
- Internetdienstanbieter, Vertragspartner.
- Nummerierungsschemata:
  Server, Verzeichnisse, Telefon-Listen.
- Zugewiesene IP-Bereiche.
- IP-Adressen kritischer Systeme (WWW, DNS, Mail).
- Routingtabellen, Netzwerkbenutzer- und Gruppennamen.
- Informationen über Betriebssysteme und Systemarchitekturen.

Synonym: Zielaufklärung; Intelligence Gathering.

Informationsbeschaffung, Illegale-

Siehe: CNE | Data Scavenging | Dumpster Diving | Information Gathering | Insider-Angriff | Payment Diversion | Social Engineering | Whaling.

Informationsmenge / Informationseinheit

Siehe: Nibble | BIT | Mbyte | Oktett.

Informationssicherheit

Siehe: Schutzziele | IT-Sicherheit | Datensicherheit.

Informationssysteme

Siehe: OPAC | JSTOR.

Informationsüberschuss

Siehe: Redundanz.

Informationsvertraulichkeit

Siehe: Schutzziele.

Infostealer

Malware-Virus, der die Fähigkeit besitzt, sich zu verschleiern und vertrauliche Daten zu erfassen. Sein Hauptziel besteht darin, Informationen von jedem Computer zu extrahieren, der infiziert ist.

Eine zweifelhafte Berühmtheit erlangte der »Phemedrone-Infostealer«, weil er durch eine Schwachstelle im Windows Defender in der Lage war, vertrauliche Daten zu sammeln.

Inhaltsverwaltungssystem

Siehe: CMS.

Initialisierungsvektor

Zeichenfolge zur Generierung eines Schlüssels in einem Krypto-System.

Initialisierungsvektor-Angriff

Siehe: Schlüsselaustauschproblem.

Insider-Angriff

Unerlaubter Zugriff auf Informationen durch Innentäter. Innentäter können Angestellte eines Unternehmens sein oder Personen mit direktem Zugriff zu den IT-Systemen.

Integrität

Nachweis, dass digitale Daten vollständig und unverändert sind.

Synonym: Echtheit.

Integrity Attack

Angriff auf die Datenintegrität von digital gespeicherten Informationen, - also Manipulation, Verfälschung und Zerstörung von Datenobjekten.

Interaktion, objekt-

Smartphones können - kontaktlosen - Datenaustausch, auf einer Distanz von einigen Zentimetern, mit ihrer Umgebung aufnehmen. Dem Anwender ist dadurch möglich, Objekte der realen Welt mit Informationskanälen des Internets zu verbinden. Die wichtigsten davon sind die drahtlose Übertragungstechnik NFC und die Barcode-Technologie: QR-Code.

Synonym: Mobil Tagging.

Siehe auch: NFC (Near Field Communication) | RFID (Radio Frequency Identification) | QR-Code.

Interner Link

Siehe: Hyperlink.

Internet

Weltweit umspannendes, dezentrales Computernetzwerk für den globalen Austausch von Informationen. Neben zahlreichen Webanwendungen, Apps und WWW-Diensten hat die von Tim Berners-Lee entwickelte Programmiersprache HTML - zum Erstellen von Online-Publikationen - immer noch den größten Stellenwert. Publikationen sind im Internet durch eine WWW-Seite eindeutig adressierbar und erlauben einen freien, system-unabhängigen Zugriff von Informationen. In paketvermittelten Netzwerken wie das Internet werden Informationen zunächst in kleinere Informationseinheiten, den Paketen, aufgeteilt (= Packet-Switching). Ein Paket besteht aus einem Header mit Identifikations-Nummer, Sende-, Empfänger und IP-Adressen, Fehlersteuerdaten und einem Block, der die Daten enthält. Einzelne Pakete können das Internet auf verschiedenen Internet-knoten durchqueren und zu unterschiedlichen Zeitpunkten und in ungeordneter Reihenfolge beim Empfänger eintreffen. Beim Adressaten angelangt, können die Daten der einzelnen Pakete durch die Header-Informationen wieder zusammengesetzt werden. Neben der eindeutigen Adressierbarkeit durch eine WWW-Adresse, die technisch durch eine IP-Adresse darge-stellt ist, gehören zur Netzwerkarchitektur des Internets Port-Adressen. Diese sind Schnittstellen, auf denen der Austausch von Datenpaketen erfolgt. Es gibt standardisierte, sogenannte »well-known ports«, zum Beispiel: 80 für Webinhalte, 25 für den E-Mail-Dienst: Simple Mail Transfer Protocol (SMTP), und 21 für das File Transfer Protocol (FTP). Insgesamt gibt es 65.536 Port-Adressen.

Weltweit läuft der Datenverkehr im Internet zu 95 % über Unterseekabel, was auch erhebliche Sicherheitsrisiken mit sich bringt. Für circa zwei Drittel aller Störungen sind Anker großer Schiffe und die Fischerei verantwortlich. Daneben tragen Umweltfaktoren wie Erdbeben ebenfalls zu Schäden bei. Vorsätzliche Sabotageakte sind eher selten. Dennoch sind Militäraktionen vorstellbar, die sowohl das Anzapfen als auch das Zerstören von Unterseekabel beinhalten.

Synonym: Kommunikationsnetz-, weltweites.

Siehe auch: IP-Adresse, Internet- | POP3.

Internet der Dinge

Vernetzung von computerisierten, »intelligenten« Endgeräten mit einer virtuellen Repräsentation im Internet oder in anderen informationstechnischen Systemen. Laut ORACLE[36] erwarten Experten, »dass die Zahl der vernetzten IoT-Geräte (…) 2025 auf 22 Mrd. ansteigen wird.«

Siehe auch: SHODAN.

Synonym: Interoperabilität; Netzwerk physischer Objekte; Smart-Home; Haustechnik.

Internetgesetz / Deutschland

Siehe: TMG (Telemediengesetz).

Internetkriminalität

Siehe: Cybercrime.

---

[36] oracle.com/de/internet-of-things/what-is-iot/

Internetzugangspunkt

Siehe: Drahtlostechnologie| Hotspot| WLAN| Wi-Fi.

Interoperabilität

Parallele Kommunikation, - zum Beispiel: mit mindestens zwei OTT-Kommunikationsdiensten.

Siehe: OTT-Kommunikationsdienste.

Interpreter

Ein Interpreter führt den Programmcode direkt zur Laufzeit aus. Im Gegensatz zum Compiler entsteht kein Objektcode. Interpreter-Sprachen sind: BASIC, Prolog, LISP, ALGOL sowie alle server- und clientseitige Skriptsprachen.

Synonym: Programmübersetzer.

Siehe:

Serverseitige Skriptsprachen | Clientseitige Skriptsprachen.

Intranet

Firmeninternes, nicht öffentliches Netzwerk.

Intrusion Sets

Fachjargon für Verhaltensweisen und Eigenschaften einer Cyberattacke.

Synonym: Angriffskampagne.

IoT

Internet of Things.

Siehe: Internet der Dinge.

IP-Adresse, Internet-

Damit Kommunikation in paketvermittelten IP-Netzwerken wie das Internet möglich ist, muss jeder Kommunikations-Partner eindeutig adressierbar sein. Dies geschieht über eine IP-Adresse. Technisch gesehen ist eine IP-Adresse immer eine Binärzahl, 32-stellig für IPv4 oder 128-stellig für das IPv6 Protokoll. Aus Gründen der besseren Handhabung ist die Darstellung in paketvermittelten IP-Netzwerken nicht im Binär-Zahlensystem: Die Notation für IPv4-Adressen geschieht durch 4 Oktette in dezimaler Schreibweise. Oktette sind durch einen Punkt getrennt – zum Beispiel: »80.190.255.0«. Ein Oktett kann 2↑8 = 256 verschiedene Dezimalwerte annehmen.

Die Darstellung für IPV6-Adressen geschieht durch 8 Blöcke in hexadezimaler Schreibweise. Die Blöcke sind jeweils durch einen Doppelpunkt getrennt, zum Beispiel: »2a02:0000:0000:0000:c251:0000:c251:1f00«. Ein Block kann 4 Hexa-Dezimalstellen füllen. Das entspricht 16↑4 = 65536 verschiedene Dezimalwerte. Da auch diese numerische Schreibweise für Menschen ungeeignet ist, wandeln DNS-Server im Internet die von den Usern eingegebenen alphanumerischen Webadressen, zum Beispiel: www.irgendwas.de, automatisch in IP-Adressen um.

Namensauflösungen in IP-Netzwerken erfolgen generell mit DNS-Servern. Im Internet werden DNS-Server, die zur Namensauflösung aller Top-Level-Domains (TLD) zuständig sind, als Root-Nameserver bezeichnet. Weltweit speichern und verwalten ca. ein Dutzend Root-Nameserver IP-Adressen sowie deren alphanumerische Webadresse. Aus Gründen der Ausfallsicherheit sind diese dezentral und redundant betrieben, gleichen also ständig ihre Datenbanksysteme miteinander ab.

ipconfig

Windows- Kommandozeilenbefehl, - zeigt alle Ethernet-Adapter sowie deren TCP/IP Netzwerk-Konfigurationswerte: Hostname, Subnetzmaske, IPv6 bzw. IPv4-Adresse, Standardgateway, DNS und DHCP-Server, Lease und MAC-Adresse. Das Linux- Pendant lautet: »ifconfig« bzw. »ip address«.

Siehe auch: DNS-Caching | CMD.

IPS

Abk. für engl. Intrusion Prevention System.

Siehe auch: IDS | Firewall.

IPSec

Abk. für engl. Internet Protocol Security. Kryptografischer Sicherheitsdienst auf der Ebene des TCP/IP-Protokolls.

Siehe auch: TCP/IP.

IP-Spoofing

Angriffsmethode, bei der Sicherheitsbarrieren durch gefälschte IP-Adressen umgangen werden.

Siehe auch: Address-Spoofing | Content-Spoofing | DNS-Spoofing | Spoofing.

IP-Telefonie

IP-Telefonie, auch Voice over IP. Telefonieren in paketvermittelnden Netzwerken, - z.B. Internet.

IPV6

Internet Protocol Version 6 ist ein Verfahren zur Übertragung von Daten in paketvermittelnden Netzwerken. Im Gegensatz zu IPV4 stellt IPV6 eine viel größere Zahl möglicher IP- und Internetadressen bereit.

Siehe: IP-Adresse, Internet-.

IRC

Abk. für engl. Internet Relay Chat.

Island Hopping Attack

Siehe: Supply Chain Attack.

ISP

Abk. für engl. Internet Service Provider. Anbieter, der Internetzugänge, Web- oder Domain-Hosting bereitstellt.

Synonym: Provider; Service Provider.

Siehe auch: Diensteanbieter.

IT

Abk. für engl. Information Technology, dt. Informationstechnik, Informationstechnologie.

Synonym: Informationstechnik; Informationsinfrastruktur.

Iteration

Schrittweise Annäherung an die exakte Lösung durch das wiederholte Durchlaufen einer Rechenvorschrift.

Synonym: Rechenvorschrift.

IT-Forensik

Sicherstellung und Auswertung von Datenspuren auf IT-Systemen, um den Nachweis einer Straftat im Bereich der Computerkriminalität oder der Computersabotage zu belegen.

Synonym: Computerforensik; Digitale Forensik; Digitale Spuren; Datenanalyse.

IT-Sicherheit

Der Begriff IT-Sicherheit setzt sich aus IT, der Abkürzung von Informationstechnik und Sicherheit, zusammen.

Gemeint ist die Sicherheit von IT-Komponenten, Daten-Objekten und digital gespeicherten Informationen sowie die Kommunikations-Sicherheit durch Datenkodierung.

Synonym: Cyber-Sicherheit; IT-Security; Secure Engineering; Security Policy.

Siehe auch: Schutzsysteme | Schutzziele | Datensicherheit | Datenverschlüsselung.

ITU

Abk. für International Telecommunication Union, gegr. 1865. Regulierungsbehörde der Vereinten Nationen für Funktechnologien und Telekommunikationsdienste.

IuK-Kommission

Kommission des Ältestenrates für den Einsatz neuer Informations- und Kommunikationstechniken und Medien in Deutschland.

J

JABS

Abk. für engl. Joint Automated Booking System. Datenbanksystem der US-amerikanischen Strafverfolgungs-Behörden
enthält biometrische Daten von verurteilten und inhaftierten
Personen.

Jackpotting, ATM

Illegale Methode, um Bargeld aus Geld- oder Bankautomaten
abzuheben. Die Angreifer nutzen dafür Schadsoftware.

Siehe auch: Skimming.

Jailbreak

Dt. Gefängnisausbruch. Gehackte Version eines Smartphone-
Betriebssystems, wobei die serienmäßigen Nutzungs-Be-
schränkungen aufgehoben wurden.

Synonym: Crack.

Siehe auch: Bug Bounty Program.

Jargon File

Große Sammlung von Definitionen und Auslegungen der ursprünglichen Netz- und Hackerkultur entstand ursprünglich im
Massachusetts Institute of Technology in den 50er Jahren.

Java

»Java« ist ein Netzjargon für Kaffee und der Name einer ob-
jektorientierten Programmiersprache - entwickelt 1991 von
Sun Microsystems (heute Oracle).

Die Programmiersprache Java ist plattformunabhängig und läuft damit auf: Linux ARM, Linux x86, SUSE Linux, Red Hat, Ubuntu, Oracle Linux, Oracle Enterprise Linux, Mac OS X, macOS, Windows XP, Vista, Windows 7 bis 11, Windows 2008 Server, Windows Server 2012, Solaris SPARC, Solaris x86 und div. embedded Devices.

Synonym: Browser Plug-In.

Siehe auch: Log4Shell (Sicherheitslücke) | StrangeBrew.

Java-Script

Clientseitige Programmiersprache für Webbrowser, 1995 -.

Synonym: Jscript; JavaScript.

Jennings, Thomas Daniel

Entwickelte 1984 das Mailbox-System: »Fidonet«, welches in den frühen neunziger Jahren die größte Verbreitung hatte, geb. 1955 in Boston, USA.

Jobs, Steven Paul

Mitbegründer von Apple, geb. am 24. Februar 1955 in San Francisco, USA, † 5. Oktober 2011.

Siehe: Apple.

Joomla

PHP-basiertes Open Source Blog-System, 2005-

Synonym: Inhaltsverwaltungssystem; CMS.

JPEG

Abk. für engl. Joint Photographic Experts Group.

Arbeitsgruppe von Experten und Branchenvertretern, welche das gleichnamige, standardisierte Grafikformat für Bilddaten entwickelten.

JSON

Abk. für Java-Script Object Notation. JavaScript-basiertes Datenübergabeformat bei Webanwendungen und mobilen Apps.

Siehe auch: XML | Datenübergabeformat.

JSTOR-Hack

Am 07. Januar 2011 nutzte Aaron Swartz das MIT-Campus-Netzwerk, um an Millionen von Zeitschriftenartikeln aus den kostenpflichtigen Archiven der JSTOR-Server zu gelangen. Er beabsichtigte, die Daten für jeden zugänglich zu machen. Um dies zu erreichen, platzierte er heimlich sein Laptop in einem kleinen Server-Raum und zapfte die Daten der Archive an.

Die Techniker des MITs entdeckten schließlich den Datendiebstahl und den Laptop. Um den Täter zu überführen, installierten sie eine Kamera. Als Swartz erneut in den Server-Raum kam, um die Festplatte auszutauschen, wurde er identifiziert und den Polizeibehörden gemeldet. Das Video war für das US-Justizministerium der ausschlaggebende Beweis für ein Strafverfahren gegen Aaron Swartz wegen Computersabotage und Datendiebstahl.

Wären alle Anklagepunkte seitens der Staatsanwaltschaft erfolgreich gewesen, hätte Swartz eine jahrzehntelange Haftstrafe erwartet.

Siehe auch: Swartz, Aaron; PACER-Hack.

Junk

Dt. Schrott, Abfall, Ausschuss.

Siehe: Spam.

juris GmbH

Onlineportal für Rechtsinformationen in Deutschland. Der Zugangsservice ist kostenpflichtig.

K

Kali Linux

Debian-basierte Linux-Distribution für digitale Forensik und Penetrationstests.

Kangaroo-Code

Abgeleitet von dem australischen Beuteltier: abwertender Begriff für eine unstrukturierte Programmierung mit vielen Sprung-Befehlen im Quellcode.

Synonym: Spaghetti-Code.

Key Generator

Programm, welches eine funktionierende Seriennummer für eine urheberrechtswidrig hergestellte Kopie erzeugt.

Siehe auch: Raubkopie | Kopierschutz | Crack / Cracker.

Key Management

Schlüssel-Management. Beinhaltet die Schlüssel-Verwaltung, -Erzeugung, -Speicherung und -Verteilung.

Siehe auch: Kryptologie | Schlüsselaustauschproblem.

Keylogger

Dt. Tastenaufzeichner. Ein Keylogger ist eine Schadsoftware, die Tastenanschläge und Screenshots des Opfer-Rechners aufzeichnet und an einen Cyberkriminellen weiterleitet.

Synonym: Keystroke Logger; DataStealer.

Key Stretching

Dt. Schlüssel-Streckung. Kryptografisches Verfahren, um Passwörter sicherer zu machen.

Siehe auch: Salted-Hash.

KGB

Geheimdienstliche Organisation der Sowjetunion, gegr. 1954.

KI

Künstliche Intelligenz. Themenbereich der Informatik, der sich mit der Schöpfung intelligenter Maschinen, insbesondere intelligenter Computerprogramme, befasst[37]. KI-Technologie soll selbstständig Probleme lösen und ist enthalten in: Big Data Analytics, Foto-Tagging-Algorithmen, digitalen Assistenten, Chatbots, Chatbots im Kundenservice, Empfehlungs-Engines, die Daten zum Konsumverhalten auswerten, der Spracherkennung (Automatic Speech Recognition), der Auswertung radiologischer Bildgebung im Gesundheitswesen sowie dem automatisierten Aktienhandel und beim autonomen Fahren, der Videoüberwachung, der Bild-Erkennung, beim Gaming, bei der Entwicklung von Minirobotern[38].

Laut eines Vorschlags für eine Verordnung des Europäischen Parlaments sind Techniken und Konzepte der künstlichen Intelligenz[39]:

---

[37] What is Artificial Intelligence, John McCarthy, 2004

[38] Martin Holland, Xenobots, 30.11.2021

[39] Europäische Kommission, 21.04.2021

a) Konzepte des maschinellen Lernens, mit beaufsichtigtem, unbeaufsichtigtem und bestärkendem Lernen unter Verwendung einer breiten Palette von Methoden, einschließlich des tiefen Lernens (Deep Learning);

b) Logik- und wissensgestützte Konzepte, einschließlich Wissensrepräsentation, induktiver (logischer) Programmierung, Wissensgrundlagen, Inferenz- und Deduktionsmaschinen, (symbolischer) Schlussfolgerungs- und Expertensysteme;

c) Statistische Ansätze, Bayessche Schätz-, Such- und Optimierungsmethoden.

Ein wichtiges Teilgebiet der KI ist das maschinelle Lernen und damit verbunden (künstliche) neuronale Netze. Der Name »neuronales Netzwerk« ist vom menschlichen Gehirn inspiriert und ahmt die Art und Weise nach[40], wie biologische Neuronen miteinander kommunizieren.

»Eines der erfolgreichsten Netze 2012 - AlexNet, welches damals einen jährlichen Bilderkennungswettbewerb gewann, hatte etwa 60 Millionen Parameter. (…) Zwei Jahre später gewann ein Netzwerk namens VGG den gleichen Wettbewerb und hatte bereits mehr als 130 Millionen solcher Parameter. Heute haben einige künstliche neuronale Netze (Artificial Neural Networks, ANNs) Milliarden von Parametern.[41]«

Am 14.06.2023 hat das EU-Parlament über den »Artificial Intelligence Act« debattiert, »und sich dabei für ein weitgehendes Verbot biometrischer Massenüberwachung im öffentlichen

---

[40] ibm.com/ Artificial Intelligence, 3.6.2020

[41] spektrum.de/ Künstliche Intelligenz, 5.11.2021

Raum ausgesprochen.«[42]

Synonym: Artificial Intelligence (AI); Lernende Systeme; Machine Learning; Deep-Learning; Turing-Test; Massenüberwachung.

Siehe auch: GAN | Bot / Botnet.

Killnet

Bezeichnung einer russischen Hacker-Gruppierung. Ziele der Hacker waren insbesondere Regierungs-Institutionen westlicher Länder während der russischen Invasion in der Ukraine im Jahr 2022: der 66. Eurovision Song Contest im Januar 2022, Flughäfen in Deutschland, der Online-Auftritt der Bundesregierung im Januar 2023, sowie die Website des NATO-Hauptquartiers für Spezialoperationen (NSHQ) im Februar 2023. Nachdem am 14. Oktober 2023 Hamas-Kämpfer Hunderte israelische Zivilisten massakriert hatten, verbreitete die Gruppe tags darauf in sozialen Netzwerken die Meldung, die Internetpräsenz der Israel Defense Force (IDF) funktioniere nicht mehr. Angriffs-Vektoren der Gruppe waren: DoS (Denial of Service) und DDoS (Distributed Denial of Service) -Angriffe.

Eine andere prorussische Hacker-Gruppierung verbreitete die Fake-Nachricht: Dienste, die die israelische Bevölkerung vor Raketenangriffen warnen, seien nicht mehr erreichbar. »Das Ziel solcher Desinformationskampagnen richtet sich vor allem darauf aus, den gesellschaftlichen Zusammenhalt zu schwächen, zur allgemeinen Verunsicherung beizutragen, eine Spaltung zu (…) bewirken, Regierungen oder demokratische Systeme zu untergraben sowie den Wehrwillen einer Gesellschaft

---

[42] heise.de, 15.07.2023

und in den Streitkräften zu schwächen.«[43]

Kindesmissbrauch
Siehe: Grooming.

Koaxialkabel
Einsatzgebiete sind Ethernet-Netzwerke und Breitband-Übertragungs-Systeme der Radio- und Fernsehtechnik. Koaxialkabel besitzen einen definierten Wellenwiderstand. Er beträgt für Ethernet 50 Ohm und für Breitband-Übertragungssysteme der Radio- und Fernsehtechnik 75 Ohm.

Kommandozeilen-Befehl
Befehle, welche direkt vom Betriebssystem interpretiert werden.
Siehe auch: CMD | Shell | Bash | ipconfig | CLI.

Kommandozeilen-Interpreter.
Siehe: CLI (Command-Line Interpreter).

Kommunikationsmedien
Kommunikationsmedien im Internet sind: Blog, Mikro-, Blogs, Chat, Conferencing-Systeme, E-Mail, Internet-Foren, Messenger, Onlineportale / WWW-Seiten, RSS-Feed und soziale Netzwerke.
Synonym: Kommunikations-Plattform; Kommunikations-Werkzeuge; Kommunikations-Methoden.

---

[43] Bundeskanzleramt, Wien, 2022

Siehe auch: Messenger / Chat | CMS (Content-Management-System) | Dashboard | Telemedien.

Kommunikationssicherheit

Siehe: HTTPS | MD5-Hash | SSL | TLS | WPA2 | WPS.

Kommunikationssprachen, Formale

Siehe: Protokoll | TCP/IP | UDP.

Komplementärwährung

Siehe: Kryptowährung.

Kompromittierung

Oberbegriff für eine Bloßstellung oder eine Vertraulichkeits-Verletzung. Im Kontext der IT-Sicherheit ist ein informations-technisches System bereits kompromittiert, wenn ein nicht be-rechtigter Nutzer Zugriffsrechte erlangt hat, ohne dabei selbst aktiv gewesen zu sein.

Kopfgeld-Programm

Siehe: Bug Bounty Program.

Kopierschutz

Technische Maßnahme, um die Reproduktion urheberrechtlich geschützter Werke zu verhindern. Insbesondere für Computer-software, Audio- und Video-Datenträger entwickelten die Rechteinhaber immer wieder Mechanismen zur Eindämmung und Kontrolle der illegalen Vervielfältigung.

Anfang der 80er-Jahre wurden von Programmierern absichtlich Fehler in den Quellcode der Computerspiele eingebaut. Kopieranweisungen der ersten Homecomputer waren somit nicht in der Lage, Disketten 1:1 zu kopieren. Für das Videosystem VHS wurde 1983 das Kopierschutzverfahren »Macrovision« von der gleichnamigen Firma entwickelt. Ende der 80er-Jahre war es üblich, Anwendungsprogramme, Betriebssysteme und Spiele durch einen Produkt-Schlüssel zu schützen, der auf der Innenseite der Verpackung oder des Handbuchs aufgedruckt war. Nicht selten waren den Handbüchern Produkt-Schlüssel beigelegt, die nur mit einer roten Folie lesbar waren und damit auf handelsüblichen Standkopierern nicht zu duplizieren waren. Ansonsten erschwerten Sicherheitsmerkmale, abweichende Track- und Sektoren-Formatierungen oder Überformatierung der Original-Disketten die Vervielfältigung.

Mitte der 90er-Jahre wurden DVD-Medien mit dem Verschlüsselungsverfahren Content Scramble System (CSS) versehen. Und es gab hardwarebasierte Schutzsysteme: Industriesoftware wurde mit Kopierschutzsteckern, sogenannten »Dongels« ausgeliefert. Spielekonsolen-Hersteller, wie SEGA und Nintendo entwickelten für den Endkonsumentenbereich Steckmodule, die ausschließlich zu den firmeneigenen Konsolen kompatibel waren.

Anfang des 21. Jahrhunderts gab es virusartige Kopierschutzsysteme: zum Beispiel bei Codemasters / Playstation 2 und das Advanced Access Content System (AACS), ein DVD-Nachfolge- und Schutzformat für HD-DVD und Blu-ray Discs. Auch das Abgreifen von Datenströmen bei der digitalen Bild- und Ton-Übertragung wurde unterbunden, durch das Kopierschutz-System: High-Bandwidth Digital Content Protection (HDCP).

Aktuell sind für viele Spiele internetbasierte »Digital-Rights-Management-Systeme« (DRM) mit Online-Registrierung üblich. Hierfür stellen die Spieleentwickler Internetplattformen bereit, wie zum Beispiel:

»Steam« oder »Blizzard-Battle-Net«. Kostenpflichtige Anwendungs-Programme, wie zum Beispiel Betriebssysteme oder Office-Produkte von Microsoft, erfordern eine telefonische Aktivierung oder eine Online-Registrierung - meistens in Verbindung mit der Eingabe eines Produkt-Keys.

Köderangriff

Vorangestellte Cyberattacke, mit der Hacker die Identität und die Verletzbarkeit eines Accounts prüfen.

Siehe auch: Baiting.

KRACK

Abk. für engl. Key Reinstallation Attack.

Siehe: Replay-Attack.

Krebs, Brian

US-amerikanischer Journalist und Sicherheitsexperte.

KRITIS

Abk. für Kritische Infrastrukturen. Kritische Infrastrukturen sind: Wasserversorgung, Anlagen aus den Bereichen Energie, Transport und Verkehr, Gesundheit, Ernährung und Lebensmittelhandel, Informations- und Kommunikations-Technik (IKT), Finanz- und Versicherungswesen, kommunale Abfallentsorgung, Regierung und Verwaltung, Fernsehen und Radio, gedruckte und elektronische Presse, Kulturgüter.

Kryptografisches Verfahren

Siehe: SSH | TLS | IPSec | Salted-Hash | Key Stretching.

Kryptogramm

Text, der eine versteckte Botschaft aus einer verabredeten Zeichenfolge enthält.

Kryptohandy

In dem Mobiltelefon werden die klassischen Funktionen eines handelsüblichen Handys ersetzt durch Apps mit Verschlüsselungs-Architektur.

Eines der bekanntesten Systeme war das in den Jahren 2017 und 2018 von französischen Ermittlungsbehörden entdeckte Android-Handy mit EncroChat-Architektur. Kriminelle besorgten sich die Handys auf diversen Internetforen im Darknet. Eine Kommunikation war laut der Kriminalpolizei »nur zwischen Kunden von EncroChat möglich«.

Die Mobiltelefone wurden mit den folgenden Eigenschaften beworben: »Garantie der Anonymität, personalisierte Android Plattform, doppeltes Betriebssystem, allerneueste Technik, automatische Löschung von Nachrichten (»Advanced Burn«), schnelles Löschen (»Panic Wipe«), Unantastbarkeit (»Tamper Proofing«). Folgende Anwendungen waren auf dieser Art von Telefonen verfügbar: »EncroChat (lnstant-Secure Messaging Kunde), EncroTalk (Chiffrierung der Sprachkonversationen auf IP), EncroNotes (Chiffrierung der lokal auf dem Gerät gespeicherten Notizen). (…) Da diese Dienstleistungen stark von

Mitgliedern der organisierten Kriminalität zur Planung und Durchführung von Straftaten genutzt wurden, leitete Europol zwischen März und Juni 2020 Ermittlungsverfahren gegen das Netzwerk ein und infiltrierte es. « [44] »Französische Ermittlungsbehörden waren in das EncroChat-Netzwerk eingedrungen und hatten Spyware auf den Endgeräten installiert. In der Folge stellte EncroChat den Geschäftsbetrieb ein«.

Siehe auch: Spionage-Apps; User Tracking; PRISM; KI.

Kryptologie

Kryptologie (grch.) ist die Lehre von den Geheimschriften und ein Teilgebiet der Informatik, das sich in zwei Unterkategorien unterteilen lässt:

1. Kryptografie ≙ Entwicklung einer Verschlüsselung.

2. Kryptoanalyse ≙ Entwicklung einer Entschlüsselung.

Kryptosysteme unterteilen sich in symmetrische Verfahren, bei denen Sender und Empfänger denselben Schlüssel verwenden, und asymmetrische Verfahren, bei denen Sender und Empfänger verschiedene Schlüssel verwenden. Symmetrische Kryptosysteme sind zum Beispiel: AES (Advanced Encryption Standard), DES (Data Encryption Standard), IDEA (International Data Encryption Algorithm) und PSK (Pre-Shared Key).

Asymmetrische Kryptosysteme sind Public-Key-Krypto System wie das Diffie-Hellman-Public-Key-Krypto-Verfahren oder Verfahren, wie sie in der Software: PGP (Pretty Good Privacy) integriert sind.

---

[44] wikipedia.org/wiki/EncroChat

Die symmetrische Verschlüsselung unterteilt sich in zwei Verfahren:

   a. Blockchiffre (Block Cipher) und
   b. Stromchiffre (Stream Cipher).

   ⇨ Entscheidend für die Sicherheit einer Verschlüsselung sind:

   1. die Schlüssellänge.
   2. das Vertrauensmaß eines Schlüssels.
   3. die Schlüsselspeicherung und Verteilung.
   4. der verwendete Algorithmus zur Schlüsselerzeugung.

Siehe auch: Elektronische Signaturen | Datenverschlüsselung | Schlüsselaustauschproblem | Blockchiffre.

Kryptominer

Krimineller, der die Rechenleistung von infiltrierten Systemen ausnutzt, um damit Kryptowährungen zu »schürfen«.

Synonym: Digitalwährungsberechner.

Kryptotrojaner

Siehe: Ransomware.

Kryptowährung

Es gibt inzwischen tausende verschiedene Kryptowährungen, wobei Bitcoin die bekannteste ist. Digitale Währungssysteme sind dezentral, i.d.R. anonym und Open-Source.

Ferner ist eine grenzüberschreitende Überweisung möglich, unabhängig von Banken oder öffentlichen Institutionen. Bisher waren Kryptowährungen in keinem Land als gesetzliches Zahlungsmittel anerkannt. In Deutschland ist eine Kryptowährung, ähnlich wie andere digitale Zahlungsmittel, eine privatrechtlich ausgegebene Komplementärwährung. Herzstück einer Kryptowährung ist die Blockchain. Jede Transaktion ist an eine Blockchain gekoppelt. Diese ist in einem weltweit verteilten Peer-to-Peer-Netzwerk gespeichert, wobei jeder beteiligte Knoten die vollständigen Daten besitzt. Jeder Block ist durch einen kryptografischen Hash mit dem vorigen Block verknüpft, wie die Aneinanderreihung der Glieder einer Kette. Durch die kryptografische Verkettung wird sichergestellt, dass Transaktionen der Kryptowährung nicht manipuliert werden. Ein Nachteil ist das stetige Anwachsen der Blockchain.

Synonym: Digitale Recheneinheiten; Komplementärwährung, Krypto-, Parallel-, Schatten-, Hackerwährung; Elektronisches Geld; Cyber-Taler.

Siehe auch: Kryptominer.

Kurzstreckenfunk

Hierzu gehören: Nahfeldübertragungssysteme: Radio Frequency Identification (RFID), Tonsignalbasierte mobile Zahlungen (Sound Wave Payments), magnetische Übertragung: Magnetic Secure Transmission (MST), Bluetooth, WLAN-Netze, Fernbedienungen, Alarmanlagen, Babyfone, Sprechanlagen, Modellsteuerungen oder Straßenverkehrs-Anwendungen.

Synonym: Funksysteme; Nahfeldübertragungssysteme; Short Range Device (SRD); Drahtlostechnologie.

L

Lampeduza

Siehe: Target Corporation Hack.

LAN

Abk. für engl. Local Area Network. Rechnernetze mit vergleichsweise geringer Reichweite.

LAN-Adressierung

Siehe: ARP.

Lauschangriff

Siehe: PRISM | Wardriving | Rubikon, Operation.

LDAP

Lightweight Directory Access Protocol. Kommunikations-Protokoll für die Abfrage von Informationen sowie die Aktualisierung oder das Hinzufügen von Einträgen. Im Vergleich zu anderen Verzeichnisdienstprotokollen ist LDAP »leichtgewichtig«, was bedeutet, dass es für den Zugriff auf Verzeichnisdienst-Informationen effizient und ressourcen-schonend ist.

Siehe auch: Active Directory | Protokoll.

Leak

Dt. Leck, »undichte Stelle«, ist die Herausgabe oder das Bereitstellen von geheimen oder vertraulichen Informationen für die Öffentlichkeit.

Der unerlaubte Zugriff auf die Informationen kann zuvor durch Innentäter oder durch Außentäter – etwa Hacker – erfolgt sein.

Synonym: Leakage; Datenabgriff.

Siehe auch: Vodafone-Hack.

Leetspeek

Netzjargon für eine Schreibweise, bei der Buchstaben durch andere ähnlich aussehende Zeichen ersetzt werden. Zum Beispiel: Netzjargon ≙ N3tzj4rg0n.

Legitimation

Siehe: Berechtigung | Identifizierungsmethoden.

LEO

Abk. für Law Enforcement Online. Datenbanksystem des FBI, aktiv seit 1995.

Levenshtein-Distanz

Die Levenshtein-Distanz, benannt nach seinem Entwickler: Vladimir Losifovich Levenshtein, ist eine Zahl, die zeigt, wie unterschiedlich zwei Wörter sind. Je höher die Zahl, desto unterschiedlicher sind die beiden Wörter. Die Levenshtein-Distanz wird durch einen Algorithmus ermittelt. Der Algorithmus findet Verwendung in Rechtschreib-Prüfprogrammen, in fehlertoleranten Suchsystemen und in Matching-Verfahren.

Synonym: Editierdistanz; Datenanalyse; Ähnlichkeitsmaß; Mustererkennung; Vergleichsfunktion; Duplikat-Erkennung;

Substitution; Distanz-Funktion; Textsuche; Approximative Suche; Ähnlichkeitssuche; String-Ähnlichkeit.

Siehe auch: Hash | Bloom-Filter.

Lichtwellenleiter

Lichtwellenleiter nutzen die Eigenschaft des Lichts zur schnellen Datenübertragung. Charles K. Kao entwickelte 1966 das erste optoelektronische Lichtwellenleiter-System. Heutige Glasfasernetze mit Breitbandtechnik bieten gegenüber Datenübertragungstechniken mit Twisted-Pair oder Koaxialkabel eine schnellere, störunempfindliche und eine nahezu verlustfreie Übertragung.

Link

Allgemeiner Sprachgebrauch für Hyperlink.

Synonym: Internetadresse; Webadresse; WWW-Adresse; URL; Sprungziel.

Siehe: Hyperlink | URL.

Linux

Linux ist das bekannteste und am häufigsten verwendete Open-Source-Betriebssystem. Linux läuft auf allen wichtigen Hardware-Plattformen und ist auf den meisten Servern im Internet und in vielen Unterhaltungselektronik-Produkten installiert. Torvalds, Linus Benedict ist Begründer und bis heute Schirmherr des Betriebssystems, geb. am 28. Dezember 1969 in der finnischen Hauptstadt Helsinki.

Literaturrecherche

Siehe: OPAC.

Live Search

Suchmaschine von Microsoft. »Live Search« startete 2006 und wurde 2009 durch »Bing« komplett ersetzt.

Siehe auch: SEO | Bing | Suchmaschine | Microsoft Corporation.

Lizard Squad

»Lizard Squad« galt 2014 als eine der gefährlichsten Hackergruppierung. Die Hauptakteure kamen aus den USA, England, Kanada und Finnland. Auf Twitter traten die Hacker mit über 15 unterschiedlichen Accounts auf, wo sie auch ein DDoS-Tool zur Vermietung offerierten.

Die Gruppe hatte nach eigenen Angaben Verbindungen zu den nordkoreanischen Hackern »Guardians of Peace«, die wiederum für einen gigantischen Leak aus dem Sony-Netzwerk Ende November 2014 verantwortlich waren.

Ziele von Lizard Squad waren sowohl das Sony Playstation Netzwerk als auch die Xbox Live von Microsoft, die sie mit einem DDoS- Tool durchführten: Anmeldungen der Konsolen und die Lizenz-Abrufe funktionierten nicht mehr. Auf Ihren Twitter-Accounts forderten die Hacker unter anderem Retweets und Favoriten ein, um von der Attacke abzulassen. Selbst nachdem Lizard Squad von den DDoS-Attacken abgelassen hatten, konnten Spieler teilweise bis zu 5 Tagen nicht zocken, weil die Folgen der Attacken andauerten. Des Weiteren startete die Gruppe eine Sybil Attacke gegen das TOR-Netzwerk und verbreitete eine Falschmeldung auf Twitter, indem Sie behaupteten, dass eine Bombe in einem Inlandsflug der US-amerikanischen Fluggesellschaft American Airlines deponiert sei.

Anfang Dezember 2014 wurde ein Mitglied der Gruppe in der Provinz British Columbia an der Ostküste Kanadas verhaftet. Ihm wurde unter anderem vorgeworfen, weibliche League of Legends-Spieler und Twitter-User, die ihm den Kontakt verweigerten, terrorisiert zu haben. Am 2. Januar 2015 wurde das Lizard-Squad Mitglied Vinnie Omari in London verhaftet. Zwischen März und August 2015 nahmen britische Behörden weitere 6 Mitglieder der Hackergruppe in Gewahrsam. Bradley Jan Willem, aus den Niederlanden, wurde im Zusammenhang mit einer Reihe von DDoS-Angriffen, gestohlenen Kreditkarten und dem Verkauf von DDoS-Mietdiensten angeklagt. Laut Wikipedia war er derjenige, der »hauptsächlich für die Durchführung der von der Gruppe angekündigten DDoS-Angriffe verantwortlich war.« Julius Kivimäki aka: »Ryan Cleary«, »Zeekill« wurde 2016 »in Finnland festgenommen und wegen einer Vielzahl von Delikten angeklagt, darunter unbefugter Computer-Zugriff, Datenschutz-Verletzungen und schwerer Betrug. Die Verhaftung führte zu einem hochkarätigen Prozess, in dem er schließlich zu einer zweijährigen Haftstrafe auf Bewährung verurteilt wurde. (…)«[45] Zachary Buchta, aka »lizard« aus dem US-Bundesstaat Maryland, gelangte 2016 in den Fokus von FBI-Ermittlern – ebenfalls wegen Computer-Kriminalität angeklagt und verurteilt.

Lizenz

Siehe: Schlüssel, Produkt-

---

[45] graph33.medium.com

Logfile

Datei zum Protokollieren und Aufzeichnen von System- oder Zugriffsdaten.

Synonym: Logdatei.

Log4Shell

Sicherheitslücke in einer Java-Bibliothek. Der Programmier-Block heißt: Log4j (Logging for Java). Max Hoppenstedt vom Spiegel beschreibt die Sicherheitslücke als besonders gefähr-lich, »weil sie teils mit nur wenigen Zeichen ausgenutzt werden kann: Wer bspw. im Chat des Online-Videospiels Minecraft die richtige Zeichenfolge eintippt, der kann so den gesamten am aktuellen Spiel beteiligten Server übernehmen.

Wer sein iPhone mit einer entsprechenden Ziffernfolge umbe-nannte, konnte zeitweise in Apples iCloud-Systeme vordrin-gen«[46], - Dezember 2021.

Siehe auch: Java.

Logikbombe

Schadsoftware oder Programmteile, die unter bestimmten Fak-toren oder einem Auslösemechanismus eine schädliche Aktion ausführen.

Login

Siehe: Account.

---

[46] spiegel.de/ Max Hoppenstedt, 12.12.2021

LOIC

Abk. für engl. Low Orbit Ion Cannon, dt. »Ionen-Kanone in niedriger Umlaufbahn«. Fachjargon für eine App, entwickelt für einen Denial-of-Service (DoS) -Angriff.

Lokalisierungsverfahren

Siehe: GPS.

lol

Abk. für engl. Laughing Out Loud, dt. laut auflachen.

Lösegeld

Siehe: Ransomware | Digitale Erpressung | MCP-Hack.

LSO

Abk. für engl. Local Shared Objects.

Lucky Strikes

Fachjargon für unbeabsichtigte Angriffe auf ein IT-System.

lulz

Abgeleitet vom englischen Netzjargon lol (laugh out loud, in der Bedeutung: höhnisch auflachen, auslachen) entstand der Terminus »lulz« aus dem Image-Board 4chan und bedeutet frei übersetzt »einfach zum Spaß«. Im Sommer 2011 setzte insbesondere die Hacker-Gruppe »Lulz Security« dem Ausdruck »neue Akzente« im Sinne von »lachhafte Sicherheit«, gemeint ist der boshafte Spaßfaktor der Hacker, vermeintlich sichere Websites zu hacken.

M

MAC (Authentifizierung)

Abk. für engl. Message Authentication Code, dt. Nachrichten-Authentifizierungscode. Code von wenigen Bytes, der zum Authentifizieren im Ethernet-Netzwerk oder im Internet verwendet wird.

MAC (Netzwerkadapter)

Abk. für engl. Media-Access-Control. Spezifische Hardware-Adresse einer (Ethernet-) Netzwerkkarte. Sie erlaubt die Identifizierung im LAN oder im Funknetz und muss deshalb eindeutig sein.

Synonym: Netz-Zugriffspunkt; Gerätecode; Ethernet-ID; WLAN-Adresse; Physische Adresse; Medienzugriffs-Kontrolladresse; Medienzugriffs-Steuerung; Ethernet-Hardware-Adresse; physical address; Identifikations-Nummer.

Siehe auch: ARP.

MAC-Filter

MAC-Filter können ausgewählten Geräten die Nutzung des Netzwerks erlauben und unerwünschten Geräten den Zugang verwehren.

MAC-Spoofing

Im Prinzip ein Identitätsdiebstahl auf Hardware-Ebene: Verschleiern der MAC-Adresse zur Anonymisierung oder mit der Absicht im Rahmen einer Dienstverweigerungs-Attacke, einem Zielsystem eine Authentifizierung unmöglich zu machen.

Siehe auch: Dienstverweigerungs- Angriff.

Macrovision

Siehe: Kopierschutz.

MAD

Abk. für militärische Abschirmdienst. Geheimdienst der Bundesrepublik Deutschland, gegr. Januar 1956.

MAE

Abk. für engl. Metropolitan Area Exchange. Veraltet für Internetknoten.

Mail-Spoofing

Siehe: Address-Spoofing.

Makro-Viren

Schadsoftware, die sich eine clientseitig installierte Programmierumgebung für Makrosprache zunutze macht. Microsoft Word, Excel und Access bieten zum Beispiel eine Programmierumgebung für Makrosprachen an und sind damit auch anfällig für Makro-Viren.

Malicious Software

Dt. Schadprogramm.

Markup Language

Dt. Auszeichnungssprache.
Siehe: XLM | HTML.

Malware

Bösartige Software. Oberbegriff von: Adware, Botnets, Junkware, Keylogger, Ransomware, Sniffer, Spyware, Trojaner, Viren, Würmer.

Synonym: Schadcode, Schadsoftware; Computervirus.

Maschinensprache

Computersprache der 1. Generation. Alle Befehle erfolgen in hexadezimaler Schreibweise.

MBR

Abk. für engl. Master Boot Record.
Siehe: Booten | Bootsektor-Virus.

Mbyte

Abk. für engl. Mega Byte ist eine gängige Bezeichnung der digitalen Speicherung und Datenübertragung:

1MByte $\triangleq$ 2↑20 Byte = 1.048.576 Byte

1.048.576 Byte = 8.388.608 Bit $\triangleq$ 8 Mbit / 1MByte $\triangleq$ 8 Mbit

MCID

Abk. für engl. Malicious Call Identification. Feststellung der Verbindungsdaten von Anrufen mit böswilliger Absicht.
Synonym: Fangschaltung; Rufnummernidentifizierung.

MCB-Hack

Laut BKA wurden am 13.01.2022 der »Großteil der Server des Medizin Campus Bodensee bei einem Ransomware-Angriff verschlüsselt.

Infolgedessen konnten keine neuen Notfälle aufgenommen werden und eine ambulante Patientenversorgung war auch Tage später nicht möglich«.

Siehe auch: Ransomware | Digitale Erpressung | WannaCry.

MD5-Hash

Message Digest 5 -Hash ist eine kryptographische Funktion, mit deren Hilfe eine Authentifizierung erfolgt - zum Beispiel bei einem Online-Shop oder einem Dienstleister im Internet. Die Hash-Funktion erstellt aus einem Passwort bei der Erstanmeldung einen einzigartigen 32-stelligen Hash-Wert, der zusammen mit dem Benutzernamen in einem Datenbanksystem hinterlegt wird. Der Hash-Wert ist unumkehrbar. Ein Passwort im Klartext kann nicht mehr daraus zurückgerechnet oder entschlüsselt werden.

Eine Authentifizierung geschieht dadurch, dass beim erneuten Eingeben des Passwortes die Eingabewerte zunächst einmal dieselbe Hash-Funktion durchläuft. Im Anschluss daran erfolgt ein logischer Vergleich zwischen dem neuen und dem hinterlegten Hash-Wert der Erstanmeldung. Sind beide Hash-Werte gleich, ist die Authentifizierung abgeschlossen und der Nutzer kann mit seinen Aktivitäten auf der Webseite fortfahren.

Da es bei dieser kryptographischen Funktion nahezu unmöglich ist, zwei unterschiedliche Passwörter zu finden, deren Hash-Werte identisch sind, bezeichnet man diesen auch als »digitalen Fingerabdruck«.

Mediendienste

Siehe: Telemedien.

Mehrfachkennzeichnung

Siehe: Redundanz.

Messenger / Chat

Kommunikations-Methode, bei der sich User vorrangig per Textnachrichten in Echtzeit unterhalten. Im weitesten Sinne sind Chat-Programme internetbasierte Alternativen zu Mobilfunkdiensten wie SMS und MMS. Die ursprünglichste Form dieser Kommunikations-Methode ist der reine Textchat – klassische Vertreter sind: IRC, mIRC, Pidgin, KVIrc und ICQ. Überdies gibt es zahlreiche, eingebettete Live-Chat-Systeme in Games oder auf kommerziellen Websites und textgenerierende KIs sowie Chatbots. Im Sprachgebrauch des Internets spricht man eher von Messenger, wenn die Interaktion zwischen Nutzern durch angeschlossene Webservices umfangreicher ist – etwa durch Verschlüsselung, Videochats und Internet-Telefonie. Bekannte Messenger sind zum Beispiel: Cisco WebEx, Discord, Element, FaceTime, Google Messages / Meet / Duo, IMessage, Instagram, Line, Microsoft Teams, Signal, Skype, Snapchat, Telegram, Threema, Viber, WeChat, WhatsApp, Wickr, Zoom sowie der Facebook-Messenger. Eine Verschlüsselung oder eine Ende-zu-Ende-Verschlüsselung unterstützen aller der genannten Messenger – außer WeChat, welches von Tencent Holdings, einem Unternehmen der Volksrepublik China bereitgestellt ist.[47]

Synonym: Kommunikationsplattform; Instant Messaging; Nachrichtensofortversand.

---

[47] Vgl. netzpolitik.org/ Franziska Rau, 6.12.2021

Siehe auch: Ende-zu-Ende Verschlüsselung.

Meta, Inc.

Seit 2014 Nachfolge-Unternehmen von Facebook. Dem Unternehmen gehören unter anderem die sozialen Netzwerke Facebook und Instagram, die Instant-Messaging-Apps WhatsApp und »Messenger« sowie »Oculus«, ein Hersteller von Virtual-Reality-Technologie. Im Sommer 2023 startete der von Instagram angekündigte Twitter-Konkurrent: »Threads«.

Facebook wurde am 04. Februar 2004 von Zuckerberg, Mark Elliot gegründet.[48]

Meltdown

Siehe: Side-Channel Attack.

Microsoft Corporation

US-amerikanisches Technologieunternehmen:[49]

- Gründung (1975):
  Microsoft wurde am 4. April 1975 von Gates, »Bill« Henry William und Allen, Paul Gardner in Albuquerque (New Mexico) gegründet. Die beiden hatten zuvor für MITS (Micro Instrumentation and Telemetry Systems) gearbeitet und einen BASIC-Interpreter für den Altair 8800 entwickelt.

---

[48] Vgl. de.wikipedia.org/wiki/Meta_Platforms

[49] lt. ChatGPT 3.5, 20.1.2024

159

- IBM-PC (1980er Jahre):
  Einer der entscheidenden Momente für Microsoft war der Vertrag mit IBM im Jahr 1980. Microsoft wurde beauftragt, das Betriebssystem für den ersten IBM-Personal Computer (IBM PC) zu entwickeln. Das von Microsoft entwickelte MS-DOS (Microsoft Disk Operating System) wurde auf dem IBM-PC installiert.

- Windows (1985):
  Microsoft brachte 1985 das Betriebssystem Windows 1.0 auf den Markt, das eine grafische Benutzeroberfläche für MS-DOS bereitstellte. Windows entwickelte sich im Laufe der Jahre weiter, und Versionen wie Windows 3.0, Windows 95, Windows 98 und schließlich Windows XP wurden herausgebracht.

- Microsoft Office (1989):
  Microsoft Office, eine Suite von Produktivitäts-Anwendungen, wurde erstmals 1989 veröffentlicht. Die Suite umfasst Anwendungen wie Word, Excel und PowerPoint.

- IE und Microsoft Networking (1990er Jahre):
  In den 1990er Jahren forcierte Microsoft die Integration von Internet Explorer in Windows, was zu einem Wettbewerbsstreit mit anderen Browsern führte. Microsoft investierte auch in die Entwicklung von Netzwerktechnologien und Serverprodukten.

- Antitrust-Klagen (2000er Jahre):
  In den 2000er Jahren geriet Microsoft ins Visier von Wettbewerbsbehörden weltweit, wegen des Vorwurfs von Wettbewerbsverstößen. Das Unternehmen musste sich verschiedenen Antitrust-Klagen stellen.

- Xbox (2001):
  Microsoft betrat den Videospielmarkt mit der Einführung der Xbox im Jahr 2001. Die Xbox-Serie hat sich zu einer der beliebtesten Spielkonsolen entwickelt.

- Cloud-Computing und Azure (2000er Jahre - heute):
  Microsoft investierte stark in Cloud Computing und führte 2010 den Cloud-Dienst Azure ein. Azure ist eine umfassende Cloud-Plattform, die eine Vielzahl von Diensten für Entwickler und Unternehmen bietet.

- Windows 10 (2015):
  Microsoft veröffentlichte Windows 10 als Teil seiner Bemühungen, eine einheitliche Plattform für verschiedene Gerätetypen zu schaffen, darunter PCs, Tablets und Smartphones.

- CEO-Wechsel und Fokus auf Cloud (2014 -):
  Im Jahr 2014 wurde Satya Nadella zum CEO von Microsoft ernannt. Unter seiner Führung hatte sich das Unternehmen stärker auf Cloud-Dienste, künstliche Intelligenz und Unternehmenslösungen konzentriert.

Siehe auch: Active Directory | CMD | IIS (Internet Information Server) | Bing | Domäne | Live Search | Explorer, Microsoft Internet- | Gates, »Bill« Henry William | Allen, Paul Gardner | IIS.

Migrationskontrolle
Siehe: SIS.

Mikroarchitektur-Angriff
Siehe: Chipping | Side-Channel Attack | Chipkarte.

Militärischer Nachrichtendienst

Siehe: Behörden, Sicherheits- | GEOINT | HUMINT | SIGINT.

mIRC

Siehe: Messenger / Chat.

Misc

Abk. für engl. miscellaneous, dt. verschiedenes.

Mirai

DDoS-Tool der amerikanischen Studenten: Dalton Norman, Paras Jha und Josiah White. Die Schadsoftware wurde 2016 zur Miete angeboten.

Siehe auch: DDoS.

MIT

Abk. für engl. Massachusetts Institute of Technology. US-amerikanische Elite-Universität, gegr. 1861.

MITM-Attack

Abk. für engl. Man-in-the-Middle-Angriff. Angriffsmethode, bei der sich ein Angreifer unbemerkt zwischen Sender und Empfänger schaltet und den Kommunikationsweg abhört und/oder manipuliert.

Siehe auch: IMSI-Catcher.

Mnemonics

Kurz-Befehle einer Assemblersprache.

Siehe auch: Assembler.

MNO

Abk. für engl. Mobile Network Operator, dt. Mobilfunknetzbetreiber, - in Deutschland sind dies: Telekom (D1-Netz), Vodafone (D2-Netz), Telefónica (Marke o2 & E-Plus Gruppe:
E1-Netz & E2-Netz). Die Bundesnetzagentur reguliert den
deutschen Mobilfunkmarkt.

Mobilfunk

Siehe: GSM | IMEI | IMSI | PUK | SIM-Karte | IMSI-Catcher.

Mobile Payment

Alle Zahlungen, die mit einem mobilen Endgerät getätigt werden. Mobile Endgeräte können sein: Smartphones, Phablets
und Tablets oder Smartwatches. Die Transaktion erfolgt mittels einer kontaktlosen Verbindungstechnologie. Diese können
sein:

- Nahfeldkommunikation, Radio Frequency Identification.
- Tonsignalbasierte mobile Zahlungen (Sound Wave Payments).
- Magnetische Übertragung, Magnetic Secure Transmission.
- Zahlung via Bar- oder QR-Code, der eingescannt wird.

Siehe: PSP | Interaktion, objekt-.

Mockapetris, Paul

Entwickler des Domain Name System (DNS), geb. am 18. November 1948 in Boston, USA.

Siehe auch: DNS-Caching.

Money Mules

Dt. »Geldesel«. Personen, die als Finanzagenten gestohlenes
Geld oder Waren transferieren.

Die Finanzagenten sind oft Personen, die Betrügern, gutgläubig zum Opfer fallen und damit zum Werkzeug internationaler Geldwäscher werden.

Synonym: Smurfing.

Siehe auch: Cybercrime.

Moonshine

Bezeichnung für einen WLAN-Catcher der NSA.

Siehe: Wardriving.

Morris

Erster Internet-Wurm, entwickelt von dem US-amerikanischen Informatiker Morris, Robert Tappan.

Mossad

Israelischer Auslandsgeheimdienst, gegr. 1949. Vollständiger Name auf Hebräisch: Ha Mossad, le Modiyn ve la Tafkidim Mayuhadim.

MSRT

Abk. für Malicious Software Removal Tool. Windows-Tool zum Entfernen bösartiger Software.

MUICache

Dienstprogramm von Microsoft Windows, welches für die Zwischenspeicherung von Informationen über ausführbare Dateien (*.exe) zuständig ist. Der MUICache ist ein bekanntes Ziel von Schadsoftware.

MySQL

Open-Source-Datenbanksystem zum Erstellen, Pflegen und Sichern relationaler Datenbanken. MySQL ist in Verbindung mit dem Apache-HTTP-Server und der Skriptsprache PHP das am meisten verbreitete Inhaltsverwaltungssystem im Internet. Abfragen in der MySQL-Datenbank können direkt durch das phpMyAdmin-Modul angewiesen oder durch die serverseitige Programmierung in PHP erzeugt werden.

N

Nachrichten-Authentifizierungscode
Siehe: MAC (Kryptologie).

Nachrichtendienste
Siehe: Behörden, Sicherheits-.

Nachrichtensofortversand
Siehe: Messenger / Chat | Mikroblogging.

Nahfeldübertragung
Siehe: RFID.

Namensauflösung
Siehe: IP-Adresse, Internet-.

NASA
Engl. National Aeronautics and Space Administration, gegr. 1958 als Reaktion auf den erfolgreichen Start des ersten künstlichen Erdsatelliten der Sowjetunion im Jahr 1957.
Siehe auch: Sputnik-Schock.

Naschi
Jugendorganisation und Hacker-Vereinigung zur Unterstützung der Regierungspolitik von Wladimir Putin, gegr. 2005.
Siehe auch: Russische Hacker-Gruppierungen.

National Sigint Requirements List

Liste nationaler Aufklärungsziele der USA. Snowden-Dokumenten zufolge: eine geheime Liste des Pentagons, die für US-Geheimdienste eine Anleitung darstellen, welches Land und insbesondere welche Staatsführung vorrangig ausspioniert werden soll.

NATO

Abk. für engl. North Atlantic Treaty Organization.

NBS

Abk. für National Bureau of Standards (NBS), gegr. 1901.
Siehe: NIST (National Institute of Standards and Technology).

NCA

Abk. für engl. National Crime Agency. Britische Strafverfolgungsbehörde, gegr. Oktober 2013.

NCIJTF

Abk. für engl. National Cyber Investigative Joint Task Force. Geheimdienstliche Organisation unter der Verwaltung des FBI zur Abwehr von Cyber-Bedrohungen, gegr. 2008.

NCTC

Abk. für engl. National Counterterrorism Center. Geheimdienstliche Organisation zur Abwehr von Terrorismus, gegr. 2003.

Nerd

Talentierter Computer- und Internet-Fan,

der in der realen Welt meistens sozial isoliert ist.
Synonym: Internet-Freak.

netID
Siehe: Passwort-Manager.

Network Infrastructure Devices
Dt. Netzwerk-Infrastruktur-Technik.

Netzbetreiber
Siehe: MNO.

Netzkoppelelemente
Siehe: Router.

Netzwerkadressenzuordnung
Siehe: ARP.

Netzwerkkonfiguration
Siehe: ipconfig | Ethernet | TCP/IP | MAC (Netzwerkadapter) |
Internet | IP-Adresse, Internet- | CMD.
Synonym: Netzwerkkarteneinstellung.

Netzwerk-Monitoring
Siehe: Wireshark | Wifite.

Netzwerkprotokoll
Siehe: Protokoll.

Netzwerkschlüssel

Dt. »WLAN-Passwort«.

Siehe auch: Passwort.

Network Lateral Movement

Freie Bewegung eines Angreifers durch ein Ziel-Netzwerk. Nachdem ein Angreifer erfolgreich in die Netzwerkumgebung eingedrungen ist, versucht dieser, durch kompromittierte Anmeldedaten seine Privilegien zu erweitern. Dabei wird in vielen grundlegenden Angriffsszenarien eine Social Engineering-Methode verwendet.

Neben Angriffstechniken wie Pass-the-Ticket, Pass the Hash ist auch der Gebrauch von: Keyloggern und Hacking-Tools wie »mimikatz« in der Vergangenheit üblich gewesen.

Siehe auch: Bundestags-Hack.

Newbie

Dt. »Neuling« bzw. »Anfänger«.

NewsTweek

WLAN-Catcher - entwickelt als Penetrationstest - von Julian Oliver und Danja Vasiliev. Mit »NewsTweek« ist ein Angriffsszenario möglich, bei dem sich ein Bedrohungsakteur zwischen Sender und Empfänger im Funknetzwerk positioniert (Man-in-the-Middle), Daten des Browsers abfängt, sie manipuliert und wieder einspielt. Der Nutzer merkt nicht, dass die Informationen im Browser aus einer externen Quelle stammen.

Synonym: Web-Injection.

Siehe auch: Replay-Attack | Wardriving | MITM-Attack | Code
Injection Attacks.

NFC
Near Field Communication.
Funkstandard mittels induktiver Kopplung zwischen Ken-
nungsgeber und Kennungsnehmer.
Siehe: RFID.

NGA
Abk. für National Geospatial Intelligence Agency. US-amerikanische, geheimdienstliche Organisation mit dem Schwerpunkt der kartografischen Auswertung.

Nibble
Nibble steht für eine Gruppe aus vier Teilen. Ein Nibble ist eine
Informationsmenge von 4 Bit und kann somit $2\uparrow4 = 16$ ver-
schiedene Dezimalwerte annehmen, was im Hexadezimalsys-
tem die Ziffern von 0 bis F darstellt: 0, 1, 2, 3, 4, 5, 6, 7, 8, 9,
A, B, C, D, E, F.
Siehe auch: Hexadezimalsystem | Bit.

NISCC
Abk. für engl. National Infrastructure Security Co-Ordination
Centre. Britische Sicherheitsbehörde zur Abwehr von Cyberat-
tacken, gegr. 1999.

NIST
Abk. für engl. National Institute of Standards and Technology.

US-amerikanischen Bundesbehörde, - vormals National Bureau of Standards (NBS), gegr. 1901. Die Behörde fördert Wissenschaft und Technologie und ist verantwortlich für Zulassungs- und Standardisierungs-Prozesse.

npA

Abk. für »neuer Personalausweis« der Bundesrepublik Deutschland. Neben zusätzlichen Sicherheitsmerkmalen besitzt der npA eine Funk-Identifikation, Biometrie-Funktionen sowie digitale Identifizierungs- und Signatur-Systeme.

Synonym: Ausweisdokument.

NRO

Abk. für engl. National Reconaissance Office. Militärisches Satellitenprogramm der USA, gegr. 1960.

NSA

Engl. National Security Agency. Auslandsgeheimdienst der USA. Gilt als die »Augen und Ohren« der US- Geheimdienste, gegr. 1952.

Nutzer

Laut dem deutschen Datenschutz- und Telemedien-Gesetze ist ein Nutzer: »jede natürliche oder juristische Person, die Telemedien nutzt, insbesondere um Informationen zu erlangen oder zugänglich zu machen.«

Synonym: Anwender; User; Alias.

O

OEV

Abk. für engl. Operation Earnest Voice. Geheimprogramm der USA, welches soziale Netzwerke manipuliert.

Oktett

Oktett steht für eine Gruppe aus acht Teilen, genauer gesagt 8 Bit.

Siehe auch: Bit.

Online Identifikator

Siehe: Cookies.

Online-Portal

Dynamische WWW-Seite, die mit ihrer Funktionalität weit über die einer einfachen Homepage hinausgeht.

Siehe auch: Website.

Onlineportale für Rechtsinformationen

Siehe:

- JABS, Joint Automated Booking System, US.
- juris GmbH, Onlineportal für Rechtsinformationen, DE.
- LEO, Law Enforcement Online, US.
- PACER, Public Access to Court Electronic Records, US.
- RIS, Rechtsinformationssystem des Bundes, AT.
- RISSNET, Regional Information Sharing System Network, US.
- SIS, Schengener Fahndungs- und Informationssystem, EU.
- thelawpages, Onlineportal für Rechtsinformationen, GB.

OPAC

Abk. für engl. Online Public Access Catalog. Öffentlich zugängliches (datenbankgestütztes) Online-Portal von Büchern, Zeitschriften und elektronischen Veröffentlichungen.
Synonym: Bibliothekskatalog, Elektronischer-.

Open-Source-Software

Dt. frei verfügbare, quelloffene Software. Die Programmierung ist einsehbar und kann geändert werden. An der Entwicklung der Software kann sich i.d.R. jeder beteiligen, im Gegensatz zur proprietären Software.

Firefox ist ein Open-Source-Webbrowser, Thunderbird ist ein Open-Source-E-Mail-Client.

Ortung

Siehe: Positionsbestimmungssysteme.

OS

Operating System.
Siehe: Betriebssystem.

OTP

Abk. für engl. One-Time Pad, dt. Einmalverschlüsselung. Gilt als eines der sichersten Verschlüsselungsverfahren, wenn diese Bedingungen erfüllt sind:

• Zufälliger Schlüssel, der mindestens so lange ist wie die Nachricht selbst.

• Für jede Nachricht muss ein anderer Schlüssel benutzt werden.

OTT-Kommunikationsdienste

Nachrichten (Messaging) und Telekommunikationsdienste, die über das Internet und damit »Over-The-Top« (OTT) erbracht werden.

Siehe auch: Messenger.

Synonym: Kommunikations-Methode, Messaging; Nachrichten-Sofortversand.

OUI

Organizationally Unique Identifier (OUI)

Der erste Teil einer MAC-Adresse, anhand dessen man den Hersteller identifizieren kann.

Siehe auch: MAC (Netzwerkadapter).

Out-of-order execution

Siehe: Side-Channel-Attack.

Over-The-Top, OTP

Siehe: OTT-Kommunikationsdienste | Sprachtelefonie.

owned

Siehe: pwnd.

P

PACER

Abk. für engl. Public Access to Court Electronic Records. Fall- und Akteninformationen der US-amerikanischen Justiz.

PACER-Hack

Aaron Swartz hackte am 4. September 2008 die US-amerikanische Justiz-Datenbank PACER (Public Access to Court Electronic Records). Swartz installierte in einer Bibliothek ein Programm, welches im Sekundentakt ein neues Dokument aus der Datenbank anforderte. Innerhalb von mehreren Wochen bekam Swartz auf diese Weise fast 20 Millionen Seiten, die laut einer FBI-Anklage einem Wert von ca. 1,5 Millionen Dollar entsprächen.

Vermutlich war ein Authentifizierungs-Cookie, das über mehrere Wochen lang Gültigkeit besaß, die Hauptursache der Sicherheitslücke. Die Informationen veröffentlichte Swartz über das OpenGovernment-Projekt: public.resource.org/.

Siehe auch: Swartz, Aaron.

Packet-Switching

Dt. Paketvermittlung.
Siehe: Internet.

Page, Larry Edward

Mitbegründer der Suchmaschine Google. Geb. am 26. März 1973 in East Lansing, USA.
Siehe: Google.

Parallelwährung

Siehe: BTC.

Parser

Computerprogramm, das den Quellcode nach gültigen Be-
fehlswörtern durchsucht, analysiert und in maschinenlesbare
Daten umwandelt.

Synonym: Syntaktische Analyse.

Partitionsviren

Siehe: Bootsektor-Virus.

PASCAL

Programmiersprache, benannt nach dem französischen Mathe-
matiker Blaise Pascal. 1971 von dem Schweizer Computerwis-
senschaftler Nikolaus Wirth eingeführt für das Erlernen des
klassischen Programmierens.

Passkey

Siehe: Passwort-Manager.

Passwort

Das Passwort ist eine geheim zu haltende Zeichenfolge, die den
Zugang zu einem Dienst oder einem Objekt ermöglicht. Immer
häufiger werden Kundendaten von Unternehmen gestohlen.
Auch dann, wenn betroffene Unternehmen die Sicherheitslücken schließen, besteht immer noch die Gefahr, dass Cyberkriminelle ihre Datenbeute auswerten und so zum Beispiel mit
den erbeuteten Passwörtern bei einem anderen Unternehmen
den Log-in kompromittieren.

Hacker haben immer dann ein besonders leichtes Spiel, wenn User immer dieselben Passwörter für verschiedene Online-Anmeldungen verwenden.

⇨ Benutzen Sie deshalb für unterschiedliche Websites und Anbieter jeweils ein anderes Passwort - also, zum Beispiel: nicht dasselbe Passwort für die Facebook-Anmeldung und gleichzeitig für den Amazon-Log-in benutzen.

Beachten Sie immer die Passwort-Vorgaben: Es gibt Dienstanbieter, die deutsche Umlaute wie »ö«, »ä«, »ü« oder bestimmte Sonderzeichen nicht unterstützen.

⇨ Lange Passphrasen verwenden, mindestens 12 Zeichen - eine Mischung aus Großbuchstaben, Kleinbuchstaben, Sonderzeichen und Zahlen.

Denken Sie sich ein Passwort zu einem Dienstanbieter aus, sollte der Name des Anbieters auch nicht im Passwort enthalten sein. Für den Login, bspw. für das soziale Netzwerk Facebook, sollte Ihr Passwort auch nicht den Namen »Facebook« enthalten, also »Facebook85« oder »@LCEfacebook« etc. sind ungeeignet. Der Name Ihres Druckers oder der Ihres Monitors, den Sie vor Augen haben, ist als Passwort absolut ungeeignet. Ebenso: »Ihr Name«, »Ihr Geburtsdatum«, »der Name Ihres Haustieres« oder der Name »ihres Lebensgefährten« etc.

⇨ Vermeiden Sie Zahlenreihen und die meistgenutzten Passwörter: 000, 0000 … 1234, 12345 … 123123, 11111111 … password, Password … qwerty, o.Ä.

Synonym: Codewort; Gedächtnisnummer; Geheimzahl; Kennwort; Passcode; Passphrase; Passwort; Identifikations-Nummer; PIN; Schlüssel; Tasten-Wählcode; Zahlencode; Zugangskennung; Zugriffsschutz; authentication, digital-.

Siehe auch: PIN | Account | WLAN-Passwort | Verifizierungscode | Sonderzeichen.

Passwort-Manager

Softwaregesteuertes Authentifizierungsverfahren, bei dem sich der Nutzer nur einmal mit einem Masterpasswort anmeldet und dabei gleichzeitig zu mehreren Diensten die Freigabe hat. Passwort-Manager sind technisch realisiert durch eigenständige Programme oder Software-Erweiterungen lokal oder mit Diensteanbietern im Internet. Ähnlich dem Passwort-Manager ist der Passkey: Das Passkey-System teilt den Log-in-Schlüssel in zwei Teile: Ein öffentlicher Schlüssel wird beim Dienstanbieter hinterlegt, während der andere Teil, ein privater Schlüssel, lokal auf einem speziellen Chip, wie bspw. einem Smartphone, gespeichert wird. Der Zugriff darauf erfordert entweder ein biometrisches Verfahren und/oder die Eingabe eines zuvor festgelegten PIN-Codes. Durch diese Authentifizierung erhält der Dienstanbieter eine Bestätigung darüber, dass der echte Nutzer, der den privaten Schlüssel besitzt, zugreift, ohne dass der Schlüssel selbst an die Website übertragen wird. Eine Einmalanmeldung ist zurzeit [50] vornehmlich im Internet durch den Log-in über Facebook oder Google realisiert.

Googles-Passkey-System können auf den folgenden Geräten erstellt werden:[51]

---

[50] Februar 2024

[51] support.google.com

1. Laptop oder Computer mit Windows 10 oder höher, macOS Ventura oder ChromeOS 109
2. Mobilgerät mit iOS 16 oder Android 9, Google Pixel Smartphones
3. Hardware-Sicherheitsschlüssel, der das FIDO2-Protokoll unterstützt
⇨ Bei Computern oder Mobilgeräten ist außerdem einer der folgenden unterstützten Browser erforderlich:
1. Chrome 109 oder höher
2. Safari 16 oder höher
3. Edge 109 oder höher

Wenn Sie einen Passkey erstellen und verwenden möchten, müssen Sie auf ihrem Smartphone folgendes aktivieren:

- Displaysperre
- Bluetooth
- Bei iOS oder macOS: den iCloud-Schlüsselbund

Dem BSI[52] zufolge »bilden Passkeys zwar den Stand der Technik für passwortloses Authentisieren ab, es bestehen jedoch noch Herausforderungen, etwa die häufige Bindung der Schlüssel an konkrete Produkte und Ökosysteme, die eine plattformunabhängige Nutzung erschweren. Bis dahin empfiehlt das BSI weiterhin die Zwei-Faktor-Authentisierung (2FA).« Als Alternative zu den US-amerikanischen Anbietern haben Europäer die »netID Foundation« als Stiftung gegründet. Zu der Stiftung gehören: die RTL-Mediengruppe, ProSiebenSat.1, United Internet, WEB.DE & GMX, Deutsche Telekom und DPD.

---

[52] 10/2023

Patch

Engl. Flicken, Füllstücke.
Siehe: Upgrade | Update.

Pawn Storm

Dt. Bauernsturm. Name einer Hacker-Gruppe aus Russland
(aktiv seit 2004), - benannt durch den japanischen Sicherheits-
dienstleister »Trend Micro«.

Payment Diversion

Eine gängige Taktik, Zahlungsprozesse von Unternehmen zu
kompromittieren, besteht zunächst darin, dass Betrüger übli-
cherweise per E-Mail, Fax oder telefonisch Kontakt aufnehmen. Sie geben sich als Geschäftspartner oder Lieferanten aus
und behaupten, dass sich die Bankverbindung geändert hat
o.Ä.

Die Betrüger kennen normalerweise bestimmte Details des Unternehmens, wie zum Beispiel vertrauliche Konto-Informatio-
nen, und erscheinen daher glaubwürdig.
Siehe: Social Engineering | Fake-President-Fraud.

Paywall

Softwaregesteuerte (Bezahl-) Schranke, die den Inhalt einer
Webseite zeit- oder inhaltsabhängig blockiert. Der Nutzer soll
damit gezwungen werden, wenn er alle Inhalte sehen möchte,
sich anzumelden und zu bezahlen.

PBS

Abk. für engl. Push Button Configuration.
Siehe: WPS (Wi-Fi Protected Setup).

PDF

Portable Document Format.

PEAR

PHP-Erweiterungen für Klassen und Bibliotheken.

PEARL

Abk. für engl. Process and Experiment Automation Realtime Language. Höhere problemorientierte Programmiersprache für den Einsatz in der Prozesssteuerung. 1970-.

Pegasus

Siehe: Spionage-Apps.

Penetrationstest

Simulierte Verfahren zur Prüfung der Sicherheit einzelner Rechner oder Netzwerke mit den Mitteln und Methoden eines potenziellen Angreifers.
Synonym: Pentest; Wirksamkeitsprüfung; Sicherheitstest.
Siehe auch: Hackerparagraph.

PERL

Abk. für engl. Practical Extraction and Report Language. Freie, plattformunabhängige Interpreter Sprache.1987-.
Siehe auch: Interpreter.

Permutation

In der Mathematik ist die Permutation eine Anzahl möglicher Anordnungen von Elementen. In der Kryptographie - vereinfacht gesagt - die Anzahl der Möglichkeiten in einem Schlüsselraum.

Synonym: Kombinatorik; Transposition.

PGP

Pretty Good Privacy. Ein von Phil Zimmerman im Jahre 1991 entwickeltes asymmetrisches Verschlüsselungs-Programm.

Pharming

Siehe: DNS-Spoofing.

Phemedrone

Siehe: Infostealer.

Phish Phry, Operation-

Fall des FBIs im Bereich der Cyberkriminalität, 2007 – 2009.

Phishing-Attacke

Eine der am weitesten verbreiteten Angriffsmethoden, bei der die Kontaktaufnahme zwischen Tätern und Opfern durch die massenweise Versendung von E-Mails erfolgt. Cyberkriminelle Täter erwecken den Anschein eines dringenden Handlungsbedarfes bzw. der Androhung von schlimmen Konsequenzen im Fall des Nichthandelns und versehen Anhänge mit Schadsoftware und verleiten die Opfer dazu, auf einen Link zu klicken, der auf eine infizierte Webseite führt. Einhergehend mit dem Diebstahl von Passwörtern und persönlichen Daten ist das Hauptziel der Angreifer der betrügerische Missbrauch von

Zugangsdaten sowie die Datenverwendung in Gewinn- oder Schädigungsabsicht, wie zum Beispiel: Kontoplünderung. Spear-Phishing-Attacken sind personalisierte Angriffe, zum Beispiel, wenn die Angreifer gezielt Mitarbeiter einer bestimmten Firma im Visier haben. Dies erfordert umfangreiche Vorarbeiten, bei denen Cyberkriminelle öffentliche Quellen und soziale Netzwerke durchkämmen, um detaillierte Informationen über ihr Ziel zu sammeln. Basierend auf diesen Informationen kreieren die Angreifer dann »maßgeschneiderte« Phishing-Mails, die exakt auf die Empfänger zugeschnitten sind.

Von Smishing spricht man bei Textnachrichten. Auch hier handelt es sich um einen Betrugsversuch: Der User wird aufgefordert etwas zu tun, zum Beispiel, weil es angeblich einen dringenden Sachverhalt gibt.

Synonym: Social-Hacking; Identitäts-Diebstahl.

Photo Leser

Siehe: TAN.

PHP

Abk. für engl. Hypertext Preprocessor (veraltet: Personal Homepage). Serverseitige Open-Source-Skriptsprache zur Erstellung dynamischer Websites.

Entwickelt von Rasmus Lerdorf, 1994. Zur Ausführung benötigt PHP einen Webserver, zum Beispiel: »Apache« und eine Datenbank, zum Beispiel: »MySQL«.

PHP-Code kann direkt in HTML integriert werden.

Siehe auch: Interpreter | HTML.

phpMyAdmin

Web-Oberfläche für den Apache-HTTP-Server, um MySQL-Datenbanken und Tabellen zu verwalten.

Synonym: Administrationstool; PHP-Modul; Webinterface.

Siehe auch: Apache HTTP-Server.

Phreak(er)

Gebildet aus der englischen Wortreihe »Phone« (Telefon) und »Freak« (vernarrter Typ). Der Begriff steht für die ersten Hacker, die Verbindungssysteme von Telefongesellschaften manipulierten und dadurch kostenlose Telefon-Verbindungen herstellen konnten.

Als am 18. November 1963 in den USA, von Bell System, das alte, langsamere Impulswahlverfahren (IWV) durch das Dual Tone Multi-Frequency (DTMF) abgelöst wurde, war dies die Geburtsstunde der Phone Phreak(er): »In einer internen Fachzeitschrift erschien bald eine Liste der elektronischen Frequenzen, mit denen die Vermittlungsstellen gesteuert wurden. (…) Es dauerte nicht lange, bis die ersten elektronischen Signalgeber auftauchten (…). Die unscheinbaren Geräte konnten den Vermittlungsstellen jeden Befehl geben, den sie überhaupt auszuführen in der Lage waren. Ein Phone Phreak, der sich auskannte, konnte nicht nur kostenlos irgendeine Telefonzelle in London anrufen, sondern hatte sogar die Auswahl, das Gespräch über das Transatlantikkabel oder über Satelliten zu führen.«[53]

Politisch motivierte Hacker nutzten die Manipulationen aus, um gegen den Zweiten Vietnamkrieg (1960-1975) zu

---

[53] Boris Gröndahl, Hacker, Rotbuch 3000

demonstrieren. Andere nutzten die Schwachstelle für Telefonstreiche oder für kriminelle Aktivitäten.

Synonym: Hacker; Phreaking; Telefon Hacking; Blue Boxing.

Siehe auch: DTMF | Social Engineering.

Phreaking, Van-Eck-

Angriffsmethode, bei der elektromagnetischen Abstrahlungen von einem Computerbildschirm abgefangen werden, um daraus wieder eine Bildfolge zu rekonstruieren.

Physische Adresse

Siehe: MAC (Netzwerkadapter).

Piggybacking

Dt. Huckepackübertragung. Im Kontext einer Social Engineering Attacke das Betreten eines gesicherten Bereichs in Begleitung einer Person, die Kraft ihrer Autorität bereits Zugangsberechtigung besitzt.

Synonym: Pretexting.

Siehe auch: Fake-President-Fraud | Social Engineering.

PIN

Abk. für engl. Personal Identification Number, dt. Persönliche Identifikationsnummer, ist eine geheim zu haltende Zeichenfolge, die den Zugang zu einem Dienst oder einem Objekt gestattet. PINs dienen der Identifizierung von Teilnehmern in Mobilfunknetzwerken, beim Online-Banking, an einem Geldautomaten oder der Freigabe bei Zutrittssystemen.

Synonym: Zahlencode; Geheimzahl; Passwort; Tasten-Wähl-code; Zugangskennung; Gedächtnisnummer; Personen-Identi-fikationsnummer.

Ping

Abk. für engl. Packet Internet Groper. »Ping«, gleichlautend dem Schallimpuls einer Echoortung von Ubooten, ist ein Dienstprogramm und Konsolenbefehl zur einfachen und schnellen Überprüfung einer Netzwerkverbindung. Pingt man eine Arbeitsstation oder ein Server an, zum Beispiel: »ping 192.168.0.1« oder »ping www.irgendwas.de«, erhält man über das Internet Control Message Protocol (ICMP) eine Rückmeldung über die (fehlerfreie) Erreichbarkeit und die Verbindungsgeschwindigkeit zum Ziel-Host.

PKI

Abk. für engl. Public Key Infrastructure.
Siehe: Elektronische Signaturen.

PLA

Abk. für engl. People's Liberation Army.

Sammelbegriff für die Streitkräfte der Volksrepublik China und des chinesischen Geheimdienstes.
Siehe auch: GhostNet.

Plaintext

Dt. Klartext. Unformatierter Reintext, der nicht mit Tags versehen ist.

Plausibilitätsprüfung

Prüfung von Eingabedaten bzw. Identifizierungsmittel unter Berücksichtigung von Sicherheits-Anforderungen.

Synonym: Plausibilitätskontrolle; Validierung.

Plug-In

Dt. einstöpseln. Erweiterung, die eine bestehende Software um eine neue Funktionalität erweitert. Browser-Plug-Ins sind zum Beispiel: Adobe Acrobat Reader, Adobe Shockwave Player, Vbscript, ActiveX.

Synonym: Add-on; Software-Erweiterung; Extension.

Podcast

Netzjargon für einen kostenlosen, abonierbaren Audiobeitrag.

Podslurping

Cyberattacke durch einen mobilen Massenspeicher oder eines am Computer angeschlossenen Gerätes (iPod, USB-Stick).

Synonym: Baiting.

PoLP

Principle of Least Privilege. Beschreibt ein Prinzip, welches Nutzern und Diensten nur die Zugriffsrechte einräumt, die sie wirklich benötigen.

Synonym: Zugriffskontrolle; Zero Trust Network Access.

Polymorphe Viren

Schadprogramme, welche den eigenen Quellcode verschlüsseln oder verändern, um sich so vor Entdeckung durch einen Scanner zu schützen.

POODLE- Attack

Abk. für engl. Padding Oracle On Downgraded Legacy Encryption - Angriff. Fallback-Attacke, bei der ein Angreifer, aus
einer Man-In-The-Middle-Position heraus, die verwendete
TLS / SSLv3 -Verschlüsselung herabstuft. Unter Verwendung
des SSL 3.0-Fallbacks kann ein Angreifer somit Daten ver-
schlüsselter Verbindungen verfügbar machen.

Synonym: Poodle-Vulnerable.

POP3

Post Office Protocol. Übertragungsprotokoll, welches den
Download von E-Mails von einem Mailserver regelt. Möchte
man seine E-Mails auf mehreren Geräten verwalten, sollte man
sich für ein IMAP-E-Mail-Konto entscheiden. Hier können -
im Gegensatz zu POP3-Ordner abonniert werden. E-Mails
können von jedem Endgerät gelesen, bearbeitet oder gelöscht
werden.

Siehe: E-Mail-Konto-Abruf.

Popup

Fenster in Webbrowsern, die meist Werbung enthalten.

Siehe auch: Adware | User Tracking.

Port

In der Netzwerkarchitektur ist ein Port eine Software-Schnitt-
stelle, auf der der Austausch von Datenpaketen erfolgt. Grundsätzlich werden unterteilt: TCP-Ports (Transmission Control
Protocol) und UDP-Ports (User Datagram Protocol). Jede dieser Arten umfasst eine breite Palette von spezifischen Portnum-
mern für verschiedene Anwendungen. Weiterhin unterscheidet

man: Well-Known Ports (Bekannte Ports), registrierte Ports und dynamische oder private Ports. In Unternehmens-Netzwerken sollten ungenutzte Ports geschlossen und eine zeitgemäße netzwerkbasierte Firewall installiert werden. Zudem ist eine regelmäßige Überwachung und Filterung des Port-Verkehrs zu empfehlen.

Siehe auch: Internet.

Positionsbestimmungssysteme

Siehe: GPS | IMSI-Catcher.

POST

Abk. für engl. Power On Self Test. Selbsttest der Hardware-Komponenten während des Bootvorgangs.

posten

Engl. to post = (Nachricht) »abschicken«.

PowerShell

Siehe: CMD | Visual Basic.

PPP

Abk. für engl. Point-to-Point-Protocol.

Pre-Play Attack

Siehe: Replay-Attack.

Predator

Siehe: Spionage-Apps.

Pretexting

Angriffsmethode, bei der ein Social Engineer, Angestellte unter Vorspiegelung falscher Tatsachen am Telefon aushorcht.
Siehe auch: Piggybacking.

Primärschlüssel

Einmalige Zahl für die Verwendung eines eindeutig identifizierbaren Datensatzes.
Synonym: Primary Key; Datenbankindex; Indizes.

PRISM

Abk. für engl. Planning tool for Resource Integration, Synchronization and Management. Spionagenetzwerk der NSA zur Schleppnetz-Überwachung in der Mobilfunk- und Internetkommunikation. Datenbasis der Erhebungen waren Server von AOL, Apple, Facebook, Google, Microsoft, PalTalk, Skype, Yahoo und YouTube.
Synonym: Massenüberwachung; Überwachungssoftware.

Privatsphäre

Siehe: Social Credibility System | Datenschutz | User Tracking | DNT (Do Not Track) | Cookies | DuckDuckGo.

Privilegien-Eskalation

Angriffsszenario, bei dem ein Angreifer Zugriffsrechte erhält, die er normalerweise nicht besitzt.
Synonym: Rechteerhöhung; Privilegien Erweiterung.

Proaktive Erkennung

Siehe: Antiviren-Programm.

Programmcode

Siehe: Quellcode.

Programmfehler

Siehe: Bug.

Programmiersprachen

- FORTRAN, von »Formular Translation«. 1954 -.
- ALGOL, von »Algorithmic Language«. 1958 -.
- COBOL, Common Business Oriented Language. 1959 -.
- RPG, Report Program Generator.1959 -.
- SIMULA, von »Simulation« und »Language«. 1960 -.
- BASIC, Beginners All-Purpose Symbolic Instruction Code. 1965 -.
- Pascal, benannt nach Blaise Pascal. 1971-.
- PROLOG, von »Programmation en Logique«. 1972 -.
- PEARL, Process and Experiment Automation Realtime Language. 1972 -.
- Smalltalk, entwickelt vom Xerox Palo Alto Research Center. 1972 -.
- C, entwickelt von Bell Laboratories. 1972 -.
- C ++, Erweiterung der Programmiersprache: »C«. 1979-.
- Ada, benannt nach Ada Lovelace. 1980 -.
- PERL, Practical Extraction & Report Language. 1987 -.

- HTML, Hypertext Markup Language. 1989 -.
- Java, entwickelt von Sun Microsystems (heute Oracle). 1991 -.
- R, entwickelt von Ross Ihaka und Robert Gentleman. 1992 -.
- Python, entwickelt als Programmier-Lehrsprache. 1994 -.
- PHP, Hypertext Preprocessor, 1994 -.
- VBA, Visual Basic for Applications. 1995 -.
- Java-Script, clientseitige Programmiersprache für Webbrowser. 1995 -.
- Ruby, entwickelt von Yukihiro Matsumoto. 1995 -.
- XML, eXtensible Markup Language, entwickelt von W3C. 1998 -.
- C[Raute], gespr. »C Sharp«, entwickelt von Microsoft. 2000 -.
- GO, von Google entwickelt 2009 -.
- TypeScript, entwickelt von Microsoft. 2012 -.

Siehe auch: Serverseitige Skriptsprachen | Clientseitige Skript-sprachen.

Programmiersprache C

»C« ist eine höhere Programmiersprache, ursprünglich 1972 entwickelt von Bell Laboratories im Kontext des Betriebssystems UNIX.

Programm-Schnittstelle

Siehe: CMD | Shell | API.

Programmübersetzer

Siehe: Compiler | Interpreter.

PROLOG

Abkürzung für »PROgrammation en LOGique«. Höhere Programmiersprache für den Bereich der künstlichen Intelligenz.1972 -.

Prompt

Siehe: CMD.

Proprietäre Software

»Hauseigene« Software-Entwicklungen. Der Quellcode ist geheim und nicht einsehbar.

Synonym: Herstellergebunden.

Protokoll

Grundlegende technische Übereinkunft zwischen Sender und Empfänger, damit ein sicherer Datenaustausch zwischen den miteinander kommunizierenden Geräten stattfinden kann.

Die wichtigsten Protokolle des Internets sind das Hypertext Transfer Protocol (HTTP), das File Transfer Protocol (FTP), und das Transmission Control Protocol / Internet Protocol (TCP/IP).

Synonym: Kommunikationssprache.

Siehe: AppleTalk | DHCP | FTP | HTTP | HTTPS | LDAP | POP3 | SSH | TCP/IP | UDP.

Siehe auch: Internet.

Provider

Dt. Anbieter.

Siehe: ISP | Diensteanbieter.

Proxy-Server

Speziell für eine bestimmte Aufgabenstellung geschaffene Hardware (Dedicated Server) oder Dienst, welcher auf einem Computer ausgeführt wird. Vermittelt als Kommunikations-Partner Eintritts-, Weiterleitungs- und Austrittspunkte zwischen einem Client und einem Ziel-Host oder einem Client und dem Internet. Fordert ein Client aus einem privaten Netzwerk heraus eine Internet-Seite an, stellt der Proxy-Server »stellvertretend« die Anfrage an den Webserver. Aus Sicht des Internets ist der Client nicht sichtbar, weil er »hinter dem Proxy steht«. Es besteht keine direkte Verbindung zwischen Internet-Host und Client. Der Proxy-Server speichert die Webinhalte. Erfolgt zu einem späteren Zeitpunkt erneut die Anfrage, können diese schneller über den Proxy geladen werden.

Synonym: Kommunikationsschnittstelle; Gateway; Vermittler.

Siehe auch: Geoblocking.

PSE

Abk. für engl. Personal Security Environment, Dt. Persönliche Sicherheitsumgebung. Hard- oder Software basierendes Aufbewahrungsmedium für kryptographische Schlüssel. Hardware-basierte Medien können sein: Chipkarten, spezielle USB-Sticks oder andere Hardware-Sicherheitsmodule.

Synonym: HSM.

PSK-WPA

Engl. Pre-Shared Key - Wi-Fi Protected Architecture, dt. »Schlüssel für eine geschützte Drahtlos-Netzwerkarchitektur, der im Voraus vereinbart wurde«.

PSP

Abk. für engl. Payment Service Provider, dt. Zahlungsdienst-leister. Technischer Dienstleister, der den Zahlungsverkehr zwischen Kunden und stationärem Handel bzw. Online-Handel abwickelt.

Anbieter für den Online-Handel sind:

VISA, MasterCard, American Express, PayPal, GiroPay, »So-fortüberweisung«, WebMoney, Paysafecard, Neteller, Skrill, iDEAL, JCB, P24, Bancontact, MasterPass, AstroPay, CashU, PayU, Stripe, Trustly, Kanzaroo, iPara, Paytrail, Bancontact, Discover.

Anbieter für kontaktlose Bezahlverfahren mit mobilen Endge-räten (Mobile Payment) sind:

PayPal Mobile, Apple Pay, Google Pay, Visa Checkout, Master Card / Master Pass, Paydiant, Square Order, Intuit GoPayment. In Deutschland bieten Banken eigene Lösungen an. In China nutzen sehr viele Menschen »WeChat Pay« und »Ali-pay«. Die Transaktion erfolgt kontaktlos per Zahlungs-App und Funk-Chip oder via Bar- oder QR-Code, der eingescannt wird.

Synonym: Zahlungsabwickler; Zahlungsdienstleister; Pay-ment-Anbieter.

Siehe auch: RFID.

PtH

Abk. für engl. Pass-the-Hash. Angriffsmethode, bei der ein Cy-ber-Akteur einen Passwort-Hash aus dem Arbeitsspeicher oder auf dem Weg zum Server abfängt und anschließend zur unau-torisierten Authentifizierung nutzt.

Der Cyber-Kriminelle muss den Hash-Wert nicht entschlüsseln: Das Klartext-Passwort wird für diese Angriffsmethode nicht benötigt. Angewandt wurde dies bei dem relativ schwach und anfälligen Windows NT- Autorisierungs-Mechanismus: NTLM- oder LM.

Public-Key-Kryptoverfahren
Siehe auch: Diffie-Hellman.

Puffer
Siehe: Cache.

Pufferüberlauf
Siehe: Buffer-Overflow.

PUP
Abk. für »Potentiell Unerwünschte Programme«.

PUK
Abk. für engl. Personal Unlocking Key. Mobilfunk-Ersatzcodes.
Synonym: Super PIN.
Siehe: SIM-Karte | IMSI | PIN.

Pwnd
»pwnen«, »0wnen«, urspr. engl. »to own«, dt. besitzen. Netzjargon für »einen Account hacken« und dessen Kontrolle übernehmen.

Q

QES

Qualifizierte Elektronische Signaturen.

Siehe: Elektronische Signaturen.

QKD

Abk. für engl. Quantum Key Distribution, dt. »Quanten-Schlüsselverteilung«. Ein vielversprechendes, in der Entwicklung befindliches Verfahren ist eine Technologie der Quantenkryptographie: Ein Ansatz basiert auf der Tatsache, dass ein Angreifer, der versucht, die Quantenschlüssel-Verteilung zu kompromitieren, unweigerlich enttarnt wird. In diesem Fall bricht ein QKD-Protokoll die Erzeugung des Schlüssels ab. Ein anderer Ansatz zum Schutz vor Quantencomputern, die Verschlüsselungen knacken (Kryptokalypse[54]) sind PQK-Algorithmen. Sie basieren auf mathematischen Konzepten, die auch von Quantencomputern nicht effizient gelöst werden können. Beispiele hierfür sind Gitter-basierte Kryptographie, Codes-basierte Kryptographie, Multi- Parteien-Berechnungen und Hash-basierte Kryptographie.

Siehe auch: Schlüsselaustauschproblem.

QR-Code

Quick Response-Code, dt. Code für schnelle Antworten, im Bereich der 2D-Barcode-Technologie, entwickelt 1994 von Masahiro Hara für die Autoindustrie. Im Gegensatz zum bekannten Strichcode ist der QR-Code quadratisch: Augenfällig

---

[54] heise.de, Stefan Krempl, 27.1.2024

sind drei Positionsmarkierungen, welche sich immer in drei der vier Ecken des Quadrats befinden. Dazwischen stehen binäre-codierte schwarze und weiße Quadrate, welche die eigentlichen Informationen enthalten. Der Code ist fehlertolerant, also wenig anfällig bei Beschädigung oder Verschmutzung. Er findet Anwendung in der Logistik, der Produktion, der Werbung, bei Mobile-Tagging-Systemen; er kann Informationen über einen Impfstatus enthalten oder beinhaltet - als sogenannter Gi-roCode-Informationen zu einer Bankverbindung, den zu zahlenden Betrag und den Verwendungszweck. Ein QR-Code ist im höchsten Maße alltagstauglich, da er schnell von Endgeräten gescannt werden kann und damit direkt Interaktionen mit Objekten der physischen Welt zulässt. Den offensichtlichen Vorteilen des Codes stehen immer dann sicherheitsrelevante Bedenken gegenüber, wenn Programme den Code ungeprüft ausführen und dabei auf eine gefährliche Website verlinken. Siehe auch: Flickercode.

Quantum Attack

Angriff mittels Quantencomputer. Wissenschaftler befürchten, dass Verschlüsselungen, wie sie heute in vielen Bereichen zu finden sind, in naher Zukunft anfällig für Angriffe von Quantencomputern sein werden.

Quantencomputer

Bisher arbeiten klassische Mikroprozessoren mit Bits, die jeweils nur einen von zwei Zuständen annehmen können: »Eins« oder »Null«,

- vereinfacht gesagt Strom oder kein Strom. Quantencomputer bedienen sich einer anderen Technologie: Sie verwenden sogenannte Qubits, auch Quanten-Bits genannt, die theoretisch unendlich viele verschiedene Zustände annehmen können. Die Anzahl der Qubits ist gleichbedeutend mit der Leistungsfähigkeit dieser Technologie. Am 19. Nov. 2021 kündigte IBM den Eagle Chip an, einen neuen Quantenprozessor mit 127 Quantenbits: Der Chip sei damit eine technologische Revolution in der Geschichte des Rechnens, weil er die 100-Qubit Schallmauer durchbricht: »Wenn Quantenprozessoren größer werden, verdoppelt jedes zusätzliche Qubit die Menge an Speicherplatz, die für die Ausführung von Algorithmen erforderlich ist. Die Zunahme dieser sogenannten Raumkomplexität bringt Quantencomputer in einen rechnerischen Bereich, den ein klassischer Computer nicht erreichen kann«.[55]

Siehe auch: Quantum Attack | Schlüsselaustauschproblem.

Quarantäne

Funktion einer Sicherheitssoftware, die ein Schadprogramm vom System isoliert und damit die Ausführbarkeit stoppt.

Siehe: Antiviren-Programm.

Quellcode

Befehle und Programmieranweisungen in der ursprünglich textbasierten Schreibweise.

Synonym: Quelltext; Programmcode; Source-Code; Programmtext; Programminstruktionen.

---

[55] J.M. Chow, O. Dial, J. Gambetta, 16.11.2021

R

Radiofrequenzidentifikation

Siehe: RFID.

Rainbow Tables

Dt. Regenbogen-Tabellen. Wörterbücher oder Listen eines Crack-Programms, um Hash-Werte zu knacken.
Siehe auch: Brute Force.

Râmnicu Vâlcea

Siehe: Hackerville.

Ransomware

Gebildet aus der englischen Wortreihe »Ransom« (dt. für Lösegeld) und »Software«. Computervirus, der dem Nutzer Zugriff zu seinem Computersystem verweigert und zu einer Zahlung auffordert. Der Schädling gelangt durch unterschiedliche Infektionsvektoren auf die Computer der Opfer: Kriminelle Akteure hinter der Verschlüsselungs-Software verbringen mitunter Wochen oder Monate damit, ihre Cyberattacken vorzubereiten. Sie sammeln öffentlich zugängliche Informationen über die Infrastruktur der Opfer, scannen die Netzwerke auf Schwachstellen. Abhängig davon, was bei der Erkundung aufgedeckt wurde, nutzen die Akteure Defizite oder Fehlkonfigurationen, kompromittierte Identitäts- und Zugangsdaten oder nutzen Spear-Phishing-Attacken, um letztendlich ihre Ransomware zu starten.

Wie aus einer Studie von Sophos[56] im Jahr 2023 hervorgeht, »waren ausgenutzte Schwachstellen die häufigste Ursache von Ransomware-Angriffen (36 %), gefolgt von kompromittierten Anmeldedaten (29 %). (…) 18 % der Angriffe waren auf Schad-E-Mails, 13 % auf Phishing zurückzuführen. 3 % gingen von einem Brute-Force-Angriff aus und lediglich 1 % von einem Download.«

Des Weiteren zeigte die Studie »ganz klar: Unternehmen, die ihre Daten mit Backups wiederherstellen, erholen sich schneller von Angriffen als Unternehmen, die das Lösegeld zahlen. 45 % der Unternehmen, die Backups nutzten, konnten die Wiederherstellung innerhalb einer Woche abschließen. Bei Unternehmen, die das Lösegeld zahlten, waren es 39 %. Fast ein Drittel (32 %) der Umfrageteilnehmer, die das Lösegeld zahlten, benötigten mehr als einen Monat für die Wiederherstellung. In Unternehmen, die Backups nutzten, betrug der prozentuale Anteil 23 % (gerundet). Auch wenn sich die beiden Antwortoptionen nicht gegenseitig ausschließen und manche Unternehmen das Lösegeld zahlten und Backups nutzten, sind die Vorteile von Backups [Offline] für die Wiederherstellung von Daten offensichtlich.«

Bekannte Opfer digitaler Erpressung waren im Jahr 2017 zahlreiche Krankenhäuser und Arztpraxen in Großbritannien. Die Angriffe führten dazu, dass OP-Termine abgesagt und Patienten abgelehnt wurden. In Frankreich musste der Autobauer Renault die Produktion stoppen. Des Weiteren war das Kommunikations-Unternehmen Telefónica und das russische Innenministerium betroffen.

---

[56] assets.sophos.com

Anfang 2019, der norwegische Aluminiumproduzent Norsk Hydro, der französische Ingenieurdienstleister Altran Technologies und das Staatstheater Stuttgart; im September 2019, das deutsche Modeunternehmen Marc O'Polo und das auf Netzmanagement-Software spezialisierte US-amerikanische Unternehmen: SolarWinds; im Dezember 2020 die Funke Mediengruppe; im Mai 2021, Colonial Pipeline, ein US-amerikanisches Ölpipelinesystem; im Juli 2021, die schwedische Supermarktkette Coop; im November 2021 der Medizin-Dienstleister medatixx GmbH & Co. KG und die Handelskette für Unterhaltungselektronik: Media Markt

Im ersten Quartal 2023 war der Rüstungskonzern Rheinmetall Ziel einer Ransomware-Attacke geworden; im Oktober 2023 legte eine Erpresser-Bande mehr als 145 Städte, Gemeinden und Verwaltungen in Nordrhein-Westfalen und Niedersachsen lahm. Die Cyberattacke richtete sich gegen den Dienstleister: Südwestfalen-IT, der als kommunaler Zweckverband ein Rechenzentrum für die Gemeinden und Kreisverwaltungen bereitstellte.

Im November 2023 wurde die »Toyota Financial Services«, eine Tochtergesellschaft des bekannten japanischen Fahrzeugherstellers Toyota Motor, kompromittiert.

Bekannte Ransomware-Varianten[57] sind: AlphV, B0r0nt0k, BlackBasta, BlackCat, Conti, CryptoLocker, Deadbolt, Dharma (aka: Arena, Crysis, Wadhrama, ncov), FAIR, GoldenEye, GrandCrab, Hive, Jigsaw, Lapsus$ (aka: LAPSUS$, DEV-0537, SLIPPY SPIDER),

---

[57] Stand: 11.11.23

LockBit, LockerGoga, Locky, MADO, MedusaLocker, Mega-Cortex, Petya, Phobos, REvil (aka: Sodinokibi, Sodin); Royal, Ryuk, SamSam (aka: Samas), Shade/Troldesh, ViceSociety.

Synonym: Verschlüsselungstrojaner; Erpressersoftware.

Siehe auch: Digitale Erpressung | MCB-Hack | WannaCry.

Raubkopie

Eine Raubkopie ist im allgemeinen Sprachgebrauch eine »urheberrechtswidrig hergestellte Kopie«.

Synonym: Schwarzkopie.

Siehe auch: Kopierschutz | Crack / Cracker.

RBN

Russian Business Network. Russischer Diensteanbieter mit Kontakt zur organisierten Internetkriminalität. Laut Peter Michael Ziegler[58] mit Verweis auf rbnexploit.blogspot.de sei der »jahrelang schwelende Konflikt zwischen Georgien und Russland um die „abtrünnigen" Republiken Südossetien und Abchasien (…) nicht nur mit Waffengewalt ausgetragen, auch informationstechnische Systeme« seien massiven Angriffen ausgesetzt.

»Nach Angaben der Verfasser des RBN Exploit-Blogs soll das berüchtigte Russian Business Network (RBN) zumindest teilweise mit dafür verantwortlich sein, dass viele offizielle georgische Internetseiten (…) nicht mehr erreichbar sind«.

---

[58] Heise.de, 2003

RBS-Hack

Innerhalb von 12 Stunden erbeuteten Hacker über 9 Millionen US-Dollar. Möglich war dies, weil die kriminellen Hacker einen Verschlüsselungs-Algorithmus der Royal Bank of Scotland (RBS) aushebelten.

Mit gefälschten Debitkarten kompromittierten die »casher« weltweit in 280 Städten Geldautomaten. Einer Agenturmeldung vom 10. November 2009 zufolge seien die Hauptverdächtigen aus Estland, Russland und Moldawien überführt und angeklagt.

Kim Zetter von wired.com/ beschreibt den Hack mit Verweis auf die US-Justizbehörden als: »den größten organisierten Computerbetrug aller Zeiten«.

RCE

Remote Code Execution.
Siehe: REB (Remote-Execution-Bug).

RDP

Abk. für engl. Remote Desktop Protocol. RDP ist ein proprietäres Microsoft-Protokoll, welches einem Remote-Benutzer erlaubt, auf einen anderen Computer zuzugreifen.
Synonym: Fernadministration; Datenfernzugriff.

REB

Remote-Execution-Bug. Sicherheitslücke, bei der es Bedrohungsakteuren gelingt, das Zielsystem fernzusteuern. Meistens handelt es sich um einen Erstzugang zum Zielsystem, dem ein Einschleusen und Ausführen eines bösartigen Codes folgt.
Siehe auch: Follina.

Synonym: Fernadministration; Remote Code Execution, Remote-Codeausführung; Datenfernzugriff.

Reaktive Erkennung

Siehe: Antiviren-Programm.

Rechenvorschrift

Siehe: Algorithmus.

Rechenzeitangriff

Siehe: Timing Attack.

Rechte-Erhöhung

Siehe: Privilegien-Eskalation.

Rechtsinformationen

Siehe: Onlineportale für Rechtsinformationen.

Rechtswissenschaftlicher Kontext

Siehe: BDSG (Bundesdatenschutzgesetz) | Behörden, zum Schutz von Rechten | Datenschutz | DMCA (Digital Millennium Copyright Act.) |

DRMS (Digital Rights Management -System) | DSGVO (Datenschutz-Grundverordnung der Europäischen Union) | Elektronische Signaturen | Hackerparagraph | Identifizierungsmethoden | Kopierschutz | nPA | Onlineportale für Rechtsinformationen | RIS (Rechtsinformationssystem des Bundes) | Telemedien | TI (Telematische Infrastruktur).

REDHACK

Auch »R3DH4CK«. Sozialistisch orientierte, pro-kurdische und pro-muslimische Hacker-Gruppe, gegr. 1997.

Redundanz

In der elektronischen Datenverarbeitung das mehrfache Vorhandensein von Informationen. Erwünschte Daten-Redundanz findet man bei Datenübertragungs-Verfahren mittels fehlererkennender Codes: Hierbei werden Prüfzifferncodes den Informationsquellen hinzugefügt, um Fehler bei der Übertragung zu erkennen. Des Weiteren kommen redundante Systeme bei sicherheitstechnischen Systemen vor, zum Beispiel bei RAID-Sicherungs-Systemen in der Computer-Speichertechnik.

Synonym: Informationsüberschuss; Überreichlichkeit.

Registry

Im Windows-Betriebssystem ist die Registrierung eine Datenbank, die Informationen über die Konfiguration und Einstellungen installierter Anwendungen sowie andere wichtige Informationen speichert.

Synonym: Registrierdatenbank; System-Datei; Windows-Konfigurationsdaten.

Relaunch

Neugestaltung und Verbesserung einer Netzpublikation.

Remote-Zugriff

Siehe: SSH | Spionage-Apps | Speedport-Hack | REB (Remote-Execution-Bug) | RDP (Remote Desktop Protocol) | Follina.

Replay-Attack

Angriff durch Wiedereinspielung: In der Drahtlos-Netzwerktechnik ist eine der bekanntesten Replay-Attacken die »Key Reinstallation Attack« (KRACK), mit der ein Angreifer eine Sicherheitslücke im WPA2-Wi-Fi Protokoll ausnutzt: Zunächst erfolgt ein Deauthentication-Angriff, bei dem ein Endgerät dazu gezwungen wird, sich von seinem Zugangspunkt (Access Point) abzumelden (deauth). Da Endgeräte im Funknetzwerk meist so konfiguriert sind, dass sie sich erneut mit dem Access Point verbinden, besteht eine hohe Wahrscheinlichkeit, dass sich das Endgerät mit dem falschen Access Point (Man-in-the-Middle) verbindet. Der falsche Access Point wird in der Netzsicherheit auch Evil-Twin (böser Zwilling) genannt. Ist der Angreifer zwischen Sender und Empfänger geschaltet, fängt er sicherheitsrelevante Daten ab und spielt (manipulierte) Daten zur Authentifizierung wieder ein (Replay).

Synonym: Pre-Play Attack; Snarfing.

Siehe auch: Wardriving | MITM-Attack | NewsTweek

REvil / Ryuk

Siehe: Ransomware.

RFID

Abk. für engl. Radio Frequency Identification, dt. Radiofrequenzidentifikation. Das System basiert auf einer Funk-Identifikation mittels induktiver Kopplung zwischen Kennungsgeber und Kennungsnehmer. Eine spezielle Form der Radio Frequency Identification (RFID) ist die Near Field Communication (NFC). Damit ist eine verschlüsselte Kommunikation auf kurze Distanz möglich. NFC arbeitet mit einer Trägerfrequenz von 13,56 MHz, amplitudenmoduliert. Das Verfahren nennt sich Amplitude Shift Keying (ASK): Die Modulation der

Amplitude erfolgt digital als Bitfolge. Anwendungsgebiete sind: das mobile Bezahlen (Mobile Payment) mit NFC-Smartphones, Legitimation von Veranstaltungstickets, Bord- oder Fahrkarten, als Kartenlesegerät, - zum Beispiel bei der Online-Ausweisfunktion, Datenübertragung zwischen verschiedenen NFC-Einheiten (Peer-to-Peer-Datenaustausch), Digitale Identifizierungs-Systeme (Zutrittskontrolle, Personalausweis), Funk-Autoschlüssel, Diebstahl-Sicherungs-Etiketten, Maut-Systeme, Haus- und Nutztier-Kennzeichnung, Automatisierungs- und Lagertechnik sowie elektronische Wegfahrsperren. Synonym: Radiofrequenzidentifikation; Funkfrequenz-Kennzeichnung; Nahfeldübertragung.

Rijndael-Algorithmus
Siehe: AES.

Rippen
Kopieren einer kopiergeschützten Audio- oder Video-CD.

RIS
Abk. für Rechtsinformationssystem des Bundes. Onlineportal für Rechtsinformationen in Österreich.

RISSNET
Abk. für Regional Information Sharing System Network. Datenbanksystem der US-amerikanischen Strafverfolgungs-Behörden, gegr. 1997.

ROFL

Abk. für engl. Rolling On Floor Laughing. Netzjargon für »sich vor Lachen auf dem Boden wälzen«.

Row Hammer Bug

Siehe: Side-Channel Attack.

Rootkit

Gebildet aus der englischen Wortreihe »root« und »kit«, was so viel bedeutet wie »Sammlung von Softwarewerkzeugen«, mit denen Cyberkriminelle vollen Zugriff - also Root-Rechte - auf das befallene Computersystem erlangen.

Root-Nameserver

DNS-Server im Internet.

Siehe auch: IP-Adresse, Internet-.

Root (-Rechte)

Engl. Wurzel. Root-Rechte sind in Linux-basierenden Betriebssystemen Administratorrechte.

Router

Verbindet verschiedene Netzwerke, damit Datenpakete auf der günstigsten Strecke zu ihrem Ziel gelangen. Abhängig von der Funktionsweise unterscheidet man die Netzkoppelelemente:

Backbone-Router, Border-Router, DSL-Router, Gateways & Switches, Hardware-Router, Internetrouter, Netzwerkrouter, Software-Router, WLAN-Router.

Siehe auch: CVE (Common Vulnerabilities and Exposures).

RPG

Abk. für Report Program Generator, urspr. 1959 entwickelt von IBM. Höhere Programmiersprache für betriebswirtschaftliche Anwendungen.

RSA

Abk. für engl. Ron Rivest, Adi Shamir, Leonard Adleman. Asymmetrisches Kryptoverfahren, benannt nach den Anfangsbuchstaben der Nachnahmen der Entwickler.

Siehe auch: Kryptologie.

RSS

Abk. für Really Simple Syndication. Standardisiertes Austauschformat für News-Feeds.

Synonym: Rich Site Summary; Spezifikation; Datenübergabeformat.

RTE

Abk. für engl. Runtime Environment, dt. Laufzeitumgebung. Programmierumgebung für Computerprogramme.

Rubikon, Operation

Operation von BND und CIA (1970-1993). Die Geheimdienste verkauften manipulierte Schutzgeräte, wie die mechanische Rotor-Chiffriermaschine CX52. Der Vertrieb geschah durch die Schweizer Deckfirma Crypto AG. CIA und BND waren demnach in der Lage, verschlüsselte Kommunikation europäischer Partner-Länder und Dritter-Welt-Länder mitzuhören.

Synonym: Lauschangriff.

Rufnummer-Identifizierung

Siehe: MCID.

Russische Hacker-Gruppierungen

Sind unter anderem: APT 28, APT 29, APT 38 (aka. Lazarus), BlackEnergy, Cozy Bear, Cozy Duke, CyberBerkut, DarkSide, Fancy Bear, Gamaredon, Grizzly Steppe, Killnet, Midnight Blizzard, aka Nobelium; Sandworm, Sofacy, Unit 26165, Unit 74455, Wizard Spider, NoName057 aka. DDoSia.

Die Namen stammen meistens von Sicherheitsdienstleistern oder US-amerikanischen Behörden.

S

Salted-Hash

Kryptografisches Verfahren, um Passwörter sicherer zu machen. Hierbei fügt ein Algorithmus dem Hash-Wert einen zusätzlichen, zufälligen Wert (Salt) hinzu: hash = (salt + password). Dieser wird dann mehrmals in einer Schleife wiederholt: key = hash (salt + password + key). Schließlich erreicht man damit eine künstliche Verlängerung der Passwort-Stärke, welche ein Entschlüsselungsangriff in einem erheblichen Maße verlangsamen würde.

Synonym: Key Stretching.

Sandbox

Dt. Sandkasten. Netzjargon für eine virtuelle Umgebung, in der der Programmiercode keinen direkten Zugriff auf lokale Festplatten oder systemrelevante Dateien besitzt.

Siehe auch: Virtualisierung.

Sandworm

Aka. »GRU Unit 74455«, »Voodoo Bear«, »Iridium«. Bezeichnet eine russische Hacker-Gruppierung, die bis dato dafür bekannt sind, Cyber-Attacken gegen NATO-Ressourcen und westliche, kritische Infrastrukturen durchzuführen. Weiterhin führten die Staatshacker mindestens seit Dezember 2015 Cyberangriffe auf kritische Infrastrukturen in der Ukraine durch. Ursprünglich benutzte die Gruppe eine Malware-Familie namens »BlackEnergy«, die im russischen Cyber-Untergrund verkauft wurde und bereits aus dem Jahr 2007 stammte.

Vermutlich wurde die Schadsoftware auch im Kaukasuskrieg 2008 eingesetzt. Als Kopf der russischen Staatshacker gilt Jewgeni Serebrjakow.

Siehe auch: Russische Hacker-Gruppierungen | Grizzly Steppe.

Scam

Eine Scam-Nachricht (SMS oder E-Mail) beeinflusst den User derart, dass dieser glaubt, es handele sich um einen Notfall. Eine der häufigsten Betrugsfälle im Internet ist der Vorschussbetrug: Kriminelle drängen ihre Opfer zu hohen Vorschusszahlungen mit dem betrügerischen Versprechen, in Zukunft eine größere Summe zu erhalten.

Synonym: Vorschussbetrug; Scamming; 419 Scam; Advancefee fraud.

Scareware

Siehe: Ransomware.

Schadcode / Schadsoftware

Siehe: Malware.

Schatten-Währung

Siehe: BTC.

Schengen

Ort in Luxemburg, angrenzend an Deutschland und Frankreich.

Siehe auch: SIS.

Schlüssel

Kennwort, Zeichenfolge (in computerbasierten Verfahren: Bit-folge) zur Umwandlung des Klartextes in Geheimtext und umgekehrt.

Synonym: **Signatur-Schlüssel; K**ryptographisches Verfahren

Siehe auch: Elektronische Signaturen | Datenverschlüsselung | Kryptologie | Schlüsselaustauschproblem | Key Management.

Schlüssel, Produkt-

Die Aktivierung einer Software erfolgt i.d.R. mit einem Produkt-Schlüssel. Dieser ist mit einem Buchstaben und/oder Zahlencode realisiert. Allein der Besitz eines Produktschlüssels bedeutet nicht automatisch, dass der Nutzer das Nutzungsrecht (Lizenz) an einem Computerprogramm besitzt.

Synonym: Lizenz; Produkt-Key; Seriennummer; CD-Key.

Siehe auch: Kopierschutz.

Schlüsselaustauschproblem

Zu den Vorstufen eines kryptografischen Verfahrens gehört eine Schlüsselgenerierung, gefolgt von einem Schlüssel-Austausch. Erst dann kann die Klartext-Nachricht von dem Sender verschlüsselt und auf den Weg gebracht werden. Von einem Schlüsselaustauschproblem spricht man immer dann, wenn ein potentieller Angreifer (Man-in-the-Middle) in der Lage wäre, die Kommunikation (insbesondere bei WLAN-Funknetzen) zwischen Sender und Empfänger abzuhören und in den Besitz des Schlüssels zu gelangen. Er könnte somit eine verschlüsselte Nachricht entziffern, mitlesen und/oder manipulieren.

Eine Cyberattacke, die die Rekonstruktion eines Schlüssels zum Ziel hat, nennt man Initialisierungsvektor-Angriff.

Siehe auch: Elektronische Signaturen | QKD (Quantum Key Distribution) | Initialisierungsvektor-Angriff.

Schlüsselzertifizierung

Siehe: Elektronische Signaturen.

Schutzsysteme

Siehe: 2FA (Two Factor Authentication) | Air-Gapping | Anti-viren-Programm | Authentifizierung | Autorisierung | Daten-verschlüsselung | Diffie-Hellman | DLP (Data Loss Prevention) | DMZ | DNT (Do Not Track) | Elektronische Signaturen | Fire-wall | HTTPS | Kopierschutz | MD5-Hash | MSRT (Malicious Software Removal Tool) | Passwort-Manager | Penetrationstest | Salted-Hash | Sandbox | Security through obscurity | SSL | SSO (Single-Sign-On) | TLS | TAN | Token, Security- | WPA2 | WPS | Sicherheitsdisziplin.

Synonym: Schutztechnik.

Schutzziele

- Identifizierung (Authentication)
  Überprüfung der Identität eines Benutzers.

- Berechtigung (Authorization)
  Zugangsberechtigungen der Benutzer zu Kommunikati-onsdiensten.

- Verfügbarkeit (Availability)
  Betriebsbereitschaft der Datenobjekte und andauernde Verfügbarkeit der Informationen.

- Vertraulichkeit (Confidentiality)
  IT-Komponenten, die auch beim Auftreten von Störungen sicher arbeiten.

- Integrität (Integrity)
  Korrektheit der Daten. Eine mögliche Datenmanipulation darf nicht unbemerkt erfolgen.

Schwachstellenanalyse
Siehe: Vulnerability Scan | Antiviren-Programm.

Schwachstellen, ungepatchte-
Siehe: CVE (Common Vulnerabilities and Exposures).

SCI
Abk. für engl. Shopping Cart Interface. Datenbankgestützte Software, bei der ein Kunde im Online-Shop ausgewählte Produkte in einen virtuellen Einkaufswagen legt. Die Software verbindet die Bestelldaten der Produkte automatisch mit dem Zahlungssystem des Unternehmens.

Screen Resolution
Dt. Monitor-Auflösung, Bildschirm-Auflösung.

Scripting
Siehe: Cross Site Scripting (XSS).

Script-Kiddies
Gebildet aus der englischen Wortreihe »Script« (Manuskript) und »Kiddies« (Kinder).

Abschätzige Titulierung für Hacker, die ohne Fachwissen agieren und dabei auf Skripte und Anleitungen angewiesen sind.

Script-Viren

Schadsoftware, die sich Skriptsprachen zunutze machen.

SEA

Syrian Electronic Army. Baschar al-Assad nahe Hacker-Gruppierung, aktiv seit ca. 2011.

Secure Engineering

Siehe: IT-Sicherheit.

Security through obscurity

Dt. Sicherheit durch »Unklarheit« bzw. Geheimhaltung. Eine Methode, die Sicherheit zu erhöhen, ist die, Elemente einer Soft- oder Hardware geheim zu halten. Beispiel dafür ist der PageRank-Algorithmus von Google. Er ist entscheidend dafür, wie Webseiten im Suchergebnisfeld platziert werden. Die Geheimhaltung soll unter anderem Manipulations-Anstrengungen des PageRank-Algorithmus unterbinden.

Seitenkanalattacke

Siehe: Side-Channel Attack.

SEO

Search Engine Optimization, dt. Suchmaschinen-Optimierung. Siehe auch: Suchmaschine | Cloaking.

Seriennummer

Siehe: **Schlüssel, Produkt-** | Kopierschutz.

SEROCU

Abk. für engl. South East Regional Organised Crime Unit. Britische Strafverfolgungsbehörde.

Server

Ein Computer, der Dienste (für Client-Rechner) bereitstellt. Diese können sein: Online-Publikationen, Datei-, Druck- und Webserver-Dienste; DNS- und DHCP-Server Dienste, Proxy-Server etc., die Bereitstellung von Dashboards, (…).

Synonym: Zentraler Rechner.

Siehe auch: Client | Apache HTTP-Server.

Serverseitige Skriptsprachen

Serverseitige Skriptsprachen sind JSP (Java Server Pages), ASP (Active Server Pages), PHP (Hypertext Preprocessor), CGI, Perl, Ruby, Python und ColdFusion.

Siehe auch: Interpreter.

Session Hijacking

Siehe: DNS-Spoofing.

Session-ID

Abk. für engl. Session Identifier, dt. Sitzungskennung. Mit einer Anmeldung bei einem Online-Shop oder einem Dienstleister im Internet wird eine Session-ID automatisch erstellt und via Cookie an den Clientrechner gesendet. Die Session-ID dient der Identifikation während der Nutzung der Online-

Anwendung. Sie ist nach einem Log-in-Vorgang i.d.R. mit einer Zeitsperre verbunden, welche die Sitzung nach Ablauf einer bestimmten Zeitspanne automatisch beendet. Dieser Mechanismus sorgt dafür, dass danach kein unberechtigter Dritter eine Aktion in der Online-Anwendung ausführen kann.

Synonym: Sitzungsbezeichner.

Siehe auch: Cookies.

Shareware

Software mit eingeschränktem Funktionsumfang. Der Nutzer soll durch diese Restriktionen ermuntert werden, die Software kostenpflichtig zu registrieren.

Synonym: Crippleware; Nagware; Trialware.

Shell

Dt. Schale, Hülse. Programm-Schnittstelle zwischen Benutzer und Betriebssystem. In Linux-Systemen leitet die »Shell« Befehle direkt an den Betriebssystem-Kern weiter. Die Standard-Shell in fast allen Linux-Distributionen ist der Kommandozeilen-Interpreter: »bash«. Das Windows-Pendant ist die Eingabeaufforderung: »cmd«.

Synonym: Kommandozeile.

Siehe auch: CLI | CMD | Bash.

Shellshock

- aka. »Bashbleed«. Sicherheitslücke des Unix-Kommando-Zeileninterpreter »bash«.

Synonym: Bashdoor.

Shitstorm

Netzjargon für eine Empörungswelle im Internet.

SHODAN

Steht für »Sentient Hyper-Optimized Data Access Network«.
Suchmaschine für Endgeräte mit einer virtuellen Repräsentation im Internet. Scannt das Internet nach offenen, erreichbaren
Ports und verwundbaren Systemen. Die Suchmaschine hat einen zweifelhaften Ruf, da sie sowohl für Sicherheitsanalysen,
als auch für Hacking genutzt werden kann.

Shoulder Surfing

Angriffsmethode, bei dem ein Social Engineer Identifizierungsmittel und andere vertrauliche Daten ausspäht. Dies kann
entweder aus nächster Nähe, durch direkten Blick über die
Schulter des Opfers, oder aus größerer Entfernung passieren,
zum Beispiel mit einem Fernglas oder einer versteckten Kamera.
Synonym: Identitätsdiebstahl; Social Hacking; Social-Hack.
Siehe auch: Social Engineering.

Shoutout

Dt. aufbrüllen. Netzjargon für einen Verweis oder eine Erwäh-
nung, um seinen eigenen Online-Auftritt in sozialen Netzwerken bekannt zu machen.

Sybil-Attack

Die Integrität des TOR-Netzwerks ist abhängig davon, wer
Netzknoten kontrolliert.

Übernimmt eine Person, eine Organisation oder eine staatliche Stelle mehrere Netzknoten, ist die Anonymität der TOR-User nicht mehr sichergestellt. Ein solches Angriffs-Szenario bezeichnet man als »Sybil-Attacke«

Siehe auch: TOR-Netzwerk.

Sicherheitsabfrage

Siehe: Captcha.

Sicherheitsbehörden

Siehe: Behörden, Sicherheits-

Sicherheitsdisziplin

⇨ Für alle Personen, die auf IT-Ressourcen zugreifen und diese nutzen: 1 - 14

⇨ Insbesondere für Unternehmen: 10 – 22.

1. Für alle Ihre Webdienste und Anmeldungen: jeweils ein anderes Passwort verwenden.
2. Starke Passwörter erstellen, - je länger - je besser.
3. Antiviren-Programm auf Client-Rechner installieren (Keine Shareware oder kostenlose Version). Webschutz entsprechend dem Browser-Typ einrichten und aktivieren.
4. Nachrichten von Client-basierter E-Mail-Programme auf Textdarstellung einstellen.
5. Wann immer möglich, auf eine Zwei-Schritt-Verifizierung (2FA) zurückgreifen, - gegebenenfalls separate Telefonnummern zur Kontowiederherstellung verwenden.
6. Programme und Apps nur aus vertrauenswürdigen Quellen.

7. Wann immer möglich, eine sichere SSL-Verbindung nutzen.

8. »Abmelden« - Button vor dem Verlassen einer Online-Anwendung betätigen.

9. Regelmäßige Überprüfung der Kontoauszüge.

10. Regelmäßige Überprüfung der Sicherheits- bzw. Privatsphäre-Einstellungen in sozialen Netzwerken und Messengern.

11. Daten sichern. Regelmäßige Offline-Backups durchführen.

12. Ältere - nicht benötigte Server - und Betriebssysteme abschalten oder auf den neuesten Stand bringen. Abschalten, löschen oder deaktivieren aller nicht benötigten Programme, Dienste und Anwendungen, - auch beim Smartphone.

13. Updates unverzüglich nach der Bereitstellung installieren.

14. Nutzen Sie Videokonferenzen, um die Authentizität von Personen und Anweisungen zu überprüfen.

15. Firewall-Lösungen integrieren.

16. Mitarbeiterschulungen durchführen. Bedrohung (Innentäterschaft) aus dem Unternehmen selbst berücksichtigen.

17. Verbundene Unternehmen und Lieferketten in Sicherheitskonzepte einbinden.

18. Stets nur die unbedingt notwendigen Rechte für Dienste, Anwendungen und Benutzer konfigurieren.

19. Vertrauensstellungen überprüfen, unter Umständen zurücksetzen, damit sich Nutzer erneut anmelden müssen. Gegebenenfalls zeitlich begrenzte Privilegien einrichten.

20. 24/7 Risikosysteme, welche verdächtige Muster und Betrugsmaschen identifizieren, installieren.

21. Virtualisierung nutzen – etwa die der Surfumgebung.
22. Berichte zur Lage der Gefährdungslage (BSI etc.) lesen.

Synonym: Sicherheitskonzepte; Sicherheitsempfehlungen.

Sicherheitseinstellungen, Anmelde- und

Siehe: Account.

Sicherheitssoftware

Siehe: Antiviren-Programm.

Sicherheitsgateway

Siehe: Firewall.

Sicherheitsrichtlinie

Siehe: Security Policy | CIA-Triad | IT-Sicherheit.

Sicherheitsschlüssel

Siehe: Account | Passwort | Verifizierungscode | PIN | 2FA | Initialisierungsvektor.

Sicherheitstest

Siehe: Penetrationstest | Hackerparagraph | Kali-Linux.

Side-Channel Attack

Angriff auf die Hardware-Ebene einer Mikroarchitektur.
Siehe auch: Covert Channel Attacks | Timing Attack.

SIDS

Signature-based Intrusion Detection System.

SIGINT

Abk. für engl. Signals Intelligence, dt. Fernmelde- und elektronische Aufklärung.

Signaturerzeugungskomponenten

Siehe: Elektronische Signaturen.

Signaturkarten

Chipkarten mit kryptografischen Fähigkeiten.
Siehe: Elektronische Signaturen.

Signaturbasierte Erkennung

Siehe: Antiviren-Programm | IDS.

Signaturprüfschlüssel

Synonym: Signierschlüssel.
Siehe: Certificate Authority (CA) | Elektronische Signaturen.

SigOver-Attack

Siehe: IMSI-Catcher.

SIM-Karte

Subscriber Identity Module - Karte. Chipkarte zur Einbuchung in ein Mobilfunknetzwerk. Mit ihr stellen Mobilfunkanbieter den Teilnehmern mobile Telefonanschlüsse zur Verfügung.

Die Identifizierung geschieht mit einer IMSI-Nummer, die auf der SIM-Karte abgespeichert ist.

Synonym: Datenanschluss.

Siehe auch: IMSI.

SIM-Swapping

SIM-Swap-Betrug ist eine Form des Identitätsdiebstahls, der im Allgemeinen auf eine Schwachstelle der Zwei-Schritt-Verifizierung (2FA) abzielt. Bei dem Betrug geht es darum, die Serviceleistung eines Mobilfunkanbieters auszunutzen, eine Telefonnummer auf eine neue SIM-Karte zu übertragen. Diese Dienstleistung wird normalerweise von Kunden in Anspruch genommen, wenn dieser sein Telefon verloren hat oder das Smartphone gestohlen wurde. Cyberkriminelle nutzen SIM-Swapping, um per SMS verschickte Einmalpasswörter (zum Beispiel Homebanking-OTPs) zu erbeuten. Sie können damit Geldtransaktionen durchführen.

Synonym: SIM-Splitting; Simjacking; SIM-Karten-Hacking; Identitätsdiebstahl.

Siehe auch: TeleSpa-Hack.

SIS

Abkürzung für Schengener Fahndungs- und Informationssystem. Nachdem 1985 im luxemburgischen Grenzort Schengen die Vereinbarung über den Abbau von Personenkontrollen an den Binnengrenzen zu den Beneluxstaaten, Frankreich und Deutschland beschlossen wurde, führten die Schengen-Staaten das datenbankgestützte Informationssystem »SIS« ein. Hauptziel war die Verbrechensbekämpfung illegaler Einwanderer.

Sitzung / Sitzungsbezeichner / Sitzungskennung

Siehe: Session-ID.

Skimming

Illegales Ausspähen der Zugangsdaten von Debit- oder Kreditkarten. Oft werden die Daten dazu verwendet, an Bank- oder
Geldautomaten Bargeld abzuheben.

Synonym: Identitätsdiebstahl; Social Hacking; Social-Hack.

Siehe auch: Jackpotting.

Skriptsprache

Programmiersprache, bei der ein »Interpreter« den Quellcode
zeilenweise einliest, überprüft und anschließend direkt aus-
führt oder eine Fehlermeldung ausgibt. Skriptsprachen im Internet werden nur dann aktiv, wenn ein bestimmtes Ereignis
eintritt, zum Beispiel, wenn ein User die Seitensteuerung einer
Website betätigt oder in einem Formular-Feld eine Eingabe tä-
tigt. Die bekannteste clientseitige Skriptsprache ist Java-Script,
die bekannteste serverseitige Skriptsprache ist PHP.

Siehe auch: Interpreter | Kommandozeilen-Befehl | Clientsei-
tige Skriptsprachen | Serverseitige Skriptsprachen | XLM |
HTML.

Slacktivismus

Unterstützung einer politischen oder sozialen Bewegung durch
»Liken«, »Teilen« oder »Tweeten«.

Synonym: Hashtag-Aktivismus; Clicktivism.

Smart-Home

Vernetzung von Haustechnik und Haushaltsgeräten.

Smart-Home-Standard

Siehe: Connected Home over IP.

Smartcard

Siehe: Chipkarte.

Smartphone

Ein Smartphone ist ein internetfähiges Mobiltelefon mit Computerfunktionalität und erweitertem Funktionsumfang im Bereich der Eingabe-Interaktion, der Multimedia-Fähigkeit und der Navigation.

Siehe auch. Passwort-Manager | Sicherheitsdisziplin.

Smart-TV

Ein Smart-TV bietet neben den herkömmlichen Funktionen von Fernsehgeräten einen erweiterten Funktionsumfang im Bereich der Eingabe-Interaktion sowie der Netzwerk-, Internet- und Multimedia-Fähigkeiten. Betriebssysteme sind vorinstalliert.

Smishing

Siehe: Phishing-Attacke.

SMTP

Simple Mail Transfer Protocol.

Smurf-Attack

Unterart einer Distributed-Denial-of-Service Attack.
Siehe auch: DDoS | Cybercrime.

Smurfing

Im Kontext der Geldwäsche: die Aufteilung großer Bargeld-mengen in kleinere Beträge.

Siehe auch: Money Mules | Cybercrime.

Snarfing

Eine Angriffsmethode, bei der sich ein Angreifer unbemerkt zwischen Sender und Empfänger von Drahtlosnetzwerken schaltet und dabei kritische Informationen abhört und/oder Da-ten manipuliert.

Siehe: Replay-Attack.

Synonym: Identitätsdiebstahl; Social Hacking; Social-Hack.

Snippset

Dt. Schnipsel. Kleiner Programmteil, der ein Teilproblem der Programmierung löst.

Snowden, Edward

Ex-NSA-Mitarbeiter und Whistleblower, geb. am 21. Juni 1983 in Elizabeth City, North Carolina.

SOCA

Serious Organised Crime Agency. Britische, halbstaatliche, exekutive Organisation mit dem Ziel: der Analyse, der Aufklä-rung und der Bekämpfung der internationalen Kriminalität, gegr. 2006.

Social Credibility System

Tracking der Bevölkerung, um diese zu überwachen und zu be-werten. Gemeint ist i.d.R. ein Sozialkredit-System der kommunistischen Partei Chinas, welches das Verhalten ihrer Bürger überwacht und sie alle, basierend auf ihrem »sozialen Kredit«, einordnet. Die Rangliste wird laut South China Morning Post vom chinesischen Wirtschaftsplanungsteam, der Nationalen Entwicklungs- und Reformkommission (NDRC), der People's Bank of China und dem chinesischen Gerichtssystem festgelegt.

Synonym: Tracking der Bevölkerung; Moralisches Ranking-System; Sozialkreditsystem; Staatliches Bewertungssystem.

Social Bots

Social Bots sind programmierte Fake-Identitäten in sozialen Netzwerken. In dem Microblogging-Dienst Twitter zum Beispiel interagieren die Social Bots miteinander, folgen und retweeten sich einander und setzen automatisierte Nachrichten ab. Sie verbreiten Falschmeldungen, manipulieren den öffentlichen Diskurs oder bringen Themen gänzlich zum Erliegen. Immer häufiger werden bösartige Social Bots in sozialen Netzwerken gezielt zur politischen Propaganda eingesetzt. »Je mehr die Algorithmen für Social Bots auf Programmierprinzipien der Künstlichen Intelligenz zugreifen, desto erfolgreicher sind sie. Die KI-Algorithmen lernen schon während ihres Einsatzes typische Kommunikationsmuster kennen und wenden diese im Sinne ihres Einsatzzweckes an. Dabei werden Social Bots immer perfekter darin, ihren automatisierten Charakter zu verbergen.«[59]

Siehe auch: Fake | KI | Bot / Botnet | Sockpuppet.

---

[59] clickworker.de/ 21. 11. 21

Social Engineering

Ein Social Engineer ist jmd. der unter Vorspiegelung falscher Tatsachen Angestellte oder Mitarbeiter eines Unternehmens aushorcht, um dadurch vertrauliche Informationen zu erhalten. Darüber hinaus nutzt und kombiniert der Social Engineer verschiedene Angriffsmethoden - zum Beispiel: BEC (Business-E-Mail Compromise), Man-in-the-middle Attack, Information Gathering, Shoulder Surfing, Baiting, Pretexting, Piggybacking, Dumpster Diving, Phishing usw.

Sockpuppet

Dt. Sockenpuppe. Netzjargon für einen Fake-Account, der nicht die wahre Identität einer Person widerspiegelt.

Sodinokibi

Siehe: Ransomware.

Sofacy

Siehe: Fancy Bear | Russische Hacker-Gruppierungen.

SolarWinds

Amerikanischer IT-Dienstleister.
Siehe auch: Supply Chain Attack.

Sonderzeichen

Sind zum Beispiel: Accent Grave: »`«; Anführungszeichen: »"«; Apostroph »'«; AT-Zeichen: »@«; Ausrufezeichen: »!«; Bindestrich: »-«; Dollarzeichen: »$«; Doppelkreuz: »#«; Doppelpunkt: »:«; Fragezeichen: »?«; Gleichheitszeichen: »=«; Kaufmännisches Und: »&«; Klammern ... »[]«, »{}«, »()«; Kleiner / Größer als: »<>«; Komma: »,«; Plus: »+«; Prozent:

»%«; Punkt: ».«; Schrägstrich (Slash/ Backslash): »/ \«; Semikolon: »;«; Senkrechter Strich (Pipe): »|«; Sternchen: »*«; Tilde: »~«; Unterstrich: »_«; Zirkumflex: »^«. Viele Sonderzeichen und Symbole lassen sich über die Alt-Taste + Keycode-Funktion einfügen. Hierfür ist aber zwingend erforderlich, dass die Tastatur einen separaten Nummernblock besitzt, - zum Beispiel: hat das

> ⇨ öffnende französische Anführungszeichen (») die Kombination:
> • alt + 0171
> ⇨ das schließende Komma («):
> • alt + 0187

Source-Code

Siehe: Quellcode.

Spaghetti-Code

Siehe: Kangaroo-Code.

Spam

Ursprünglich ein Markenname des Dosengerichts »SPAM«, abgeleitet von »Spiced Ham«, engl. gewürzter Schinken. Netzjargon für unerwünschte E-Mails.

Synonym: Junk.

Spam-Kampagnen

Bedrohungsakteure verbreiten ihre Schadsoftware zunächst einmal durch das Anbieten manipulierter Fun- oder Spiele-Apps. Aus Sicht der Smartphone-Nutzer sind dies legitimierte Apps von Drittanbieter. Sind Smartphone und Betriebssystem infiziert, liest die Schadsoftware Kontakt und E-Mail-Daten aus. Einhergehend mit dem Nachladen weiterer schädlicher Software-Komponenten und einem illegalen Datenabfluss beginnt eine Spam-Kampagne: Bei dieser findet eine weitere Streuung der Schadsoftware durch das illegale Senden von gefakte Nachrichten an die Kontakt-Daten statt. Nicht selten stehen in der Betreff-Zeile: »Ihre Rechnung« oder »Zahlungsdetails«. Weil die Nachrichten authentisch aussehen, verleiten sie die Opfer zum unbedachten Öffnen eines infizierten Dateianhangs oder zum unbedachten Öffnen eines Links in der Nachricht.

Spear-Phishing-Attacke

Siehe: Phishing-Attacke.

Spectre

Siehe: Side-Channel Attack.

Speculative-Execution-Side-Channel-Attack

Siehe: Side-Channel Attack.

Speedport-Hack

Am 27. November 2016 klagten deutsche Telekom-Kunden über den Ausfall ihrer Entertain-Anschlüsse für Internet, IP-Telefonie und TV. In Deutschland waren über eine Million Endkunden-Router der Marke »Speedport« betroffen, - alle Geräte des taiwanischen Zulieferer Arcadyan Technology Corporation. Die Ursache war ein massiver Hacker-Angriff auf den Fernwartungs-Port 7547 des Routers mittels eines Denial-of-Service-Angriffs von »TR-069 Befehlen«. Sicherheits-Forscher der Freien Universität Berlin sind sicher: »Die meisten IP-Pakete wurden von Brasilien, Großbritannien und Irland aus versendet. Als Indiz für die Verwendung eines Botnetzes - einer Gruppe kompromittierter und fremdgesteuerter Systeme - spricht, dass die Absender-IP-Adressen der Scan-Pakete zu einem sehr großen Teil unterschiedlich waren.« Bereits 10 Jahre zuvor, im November 2006, hatte die deutsche Telekom Sicherheitslücken bei einem WLAN-Router der Marke: Speedport; damals war der Fernwartungs-Port 8085 die Schwachstelle.

Synonym: Fernkonfigurationszugang; Sicherheitslücke.

Spionage-Apps

Sammeln Informationen und Aktivitäten und leiten diese an einen Server oder direkt an einen Akteur weiter. Wird Spionage-Software von staatlichen Sicherheitsbehörden zur Überwachung digitaler Kommunikation eingesetzt, spricht man von »Staatstrojaner«. Eine bekannte App für das Smartphone war in der Vergangenheit »FlexiSpy«. Die Spionage-Software konnte angemietet werden. Laut Dana Neumann[60] richtete sich das Marketing der Betreiberfirma »an eifersüchtige und paranoide Liebhaber, es gibt aber auch Optionen, die sich explizit mit der Mitarbeiterbespitzelung befassen.« Ein krimineller Akteur muss als Erstes die Spionage-App auf dem Smartphone seines Opfers installieren: Die Stalkerware ist so programmiert, dass sie unsichtbar agiert. Der Täter kann das gesamte Gerät aus der Ferne via Remote-Zugriff überwachen, einschließlich Websuche, Chatverläufe, Inhalte von Textnachrichten, Anruf-Protokolle, Standort-Informationen, Fotos und vieles mehr.

Ohne Zustimmung des Opfers verletzt der kriminelle Akteur damit in erheblichen Maßen das Recht auf informationelle Selbstbestimmung. Eine andere bekannte App in der Familie

---

[60] futurezone.de / Dana Neumann, 2018

der Spähsoftware ist »Pegasus«, ein Staatstrojaner des israelischen Unternehmens NSO-Group, welche weltweit an Polizeibehörden und Geheimdienste verkauft wurde. Eine weitere Spionage-Software bzw. deren Urheberschaft führt ebenfalls nach Israel: »Predator«. Sie »wurde entwickelt von Cytrox, einem Start-up aus Nordmazedonien. Cytrox wiederum gehört mittlerweile zu Intellexa, einem Firmenkonsortium, gegründet von einem ehemaligen hochrangigen Mitglied des israelischen Geheimdienstes.«[61] Laut netzpolitik.org standen auf der Kundenliste von Cytrox »auch die deutsche Hackerbehörde ZITiS«. ZITiS bedeutet: Zentrale Stelle für Informationstechnik im Sicherheitsbereich und stellt ein Dienstleister der deutschen Sicherheitsbehörden dar, für die Bereiche: digitale Forensik, Telekommunikations-überwachung, Krypto- und Big Data-Analyse.

Synonym: Spyware; Cyberüberwachung; Stalkerware; Beobachtungswerkzeuge; Staatstrojaner.

Siehe auch: Kryptohandy | User Tracking | PRISM | KI.

Spoofing

Dt. »Verschleierung«. Fachjargon für unterschiedliche Angriffsmethoden, bei der ein Betrüger im Internet die eigene Identität verschleiert oder ein Zielsystem manipuliert.

Siehe auch: Address-Spoofing | Content-Spoofing | ARP.

Sprachtelefonie

Möglich über Mobil- und Festnetztelefonie oder über das Internet (Over-The-Top, OTP).

---

[61] tagesschau.de / Verena Schälter, 11.10.22

Sputnik-Schock

Nach dem Start des ersten künstlichen Satelliten 1957, dem sowjetischen »Sputnik«, waren die USA schockiert über das fortgeschrittene Know-how der russischen Wissenschaftler. Der Raumflugkörper umkreiste die Erde 96 Tage und sendete die »Kommunistische Internationale« im Einton-Verfahren, bis die Batterien an Bord leer waren. Die erfolgreiche Erdumrundung löste ein neues Bedrohungs-Szenario aus, da die Sowjetunion nun augenscheinlich auch in der Lage war, die USA mit Interkontinentalraketen zu erreichen.

Spyware

Schadprogramm, welches unbemerkt Daten des Users ausspäht und weitergibt.

Siehe auch: Kryptohandy | Spionage-Apps | User Tracking | PRISM | KI |Malware.

SQL Injection Attack

Structured Query Language Injection Attack. SQL-Injection war bis Ende 2011 eine gängige Angriffsmethode, um Online-Publikationen zu kompromittieren, deren Ausführung auf Benutzereingaben angewiesen waren und die Datenbanken verwenden. Möglich war dies durch zweierlei Gründe, zum einen, weil Content-Management-Systeme, zum Beispiel: TYPO3 Open Source -Systeme waren: Hacker konnten also Quellcode und Datenstrukturen einsehen und waren damit den Anbieter-Patches immer einen Schritt voraus, und zum anderen, weil Programmierer die Prüfung von Eingabedaten (Validierung) nicht Konsequenz durchführten. Bedrohungsakteure konnten damit Zugriffs- und Authentifizierungskontrollen umgehen, sich selbst als ein Superuser der Datenbank anlegen oder Kommandos auf Systemebene des Datenbank-Hosts ausführen. Sie waren imstande, versteckte Daten sichtbar zu machen, Daten zu verändern oder Daten zu stehlen und/oder zu leaken.

Synonym: SQLIA.

SSH

Secure Shell. Kryptografisches Verfahren und Protokoll, um Daten verschlüsselt über das Internet zu übertragen. Mit SSH ist eine entfernte Rechnernutzung möglich (Remote Administration): unter anderem die Ausführung von Kommandos auf einer entfernten Maschine oder ein Dateitransfer. Das kryptografische Verfahren wird weltweit von über 15 Millionen Servern sowie Routern unterstützt.[62] Eine Sicherheitslücke im SSH-Protokoll wurde Ende 2023 von Fabian Bäumer, Marcus Brinkmann und Jörg Schwenk von der Ruhr-Universität in Bochum entdeckt und betitelt mit: »Terrapin Attack«.

SSID

Abk. für engl. Service Set Identifier. Netzwerkname eines WLAN-Funknetzes.

Synonym: Funknetzname.

SSL

Abk. für engl. Secure Socket Layer. Von Netscape entwickeltes Verschlüsselungsprotokoll. zur sicheren Datenübertragung im Internet. Vorgängerbezeichnung von TLS (Transport Layer Security).

Siehe auch: TLS (Transport Layer Security).

---

[62] Ruhr-Universität Bochum / 18.12.2023

SSO

Abk. für engl. Single-Sign-On, dt. Einmalanmeldung. Authentifizierungsverfahren, bei dem sich der Nutzer nur einmal anmeldet und dabei gleichzeitig zu mehreren Diensten von Drittanbietern die Freigabe hat.

Siehe: Passwort-Manager.

Staatstrojaner

Siehe: Spionage-Apps.

Stalkerware

Siehe: Spionage-Apps | Kryptohandy | User Tracking | PRISM.

Standortbestimmung

Siehe: GPS.

Statement

Öffentliche Erklärung, Verlautbarung oder Anweisung in einem Computerprogramm.

Stealer

Fachjargon für eine Schadsoftware, die Identitäts- und Zugangsdaten in Online-Portalen oder Online-Spielen stiehlt.

Stealth-Viren

Schadsoftware, die unerkannt von Virensuchprogrammen bleibt.

Steganographie

Teilgebiet der Informatik, welches sich mit dem Verbergen des Kanals befasst, auf dem die zu schützenden Daten übertragen werden.

Siehe auch: Side-Channel Attack.

Stone, Christopher Isaac

Mitbegründer des Microblogging-Dienstes Twitter, geb. am 10. März 1974 in Boston, USA.

Siehe auch: Twitter.

StrangeBrew

StrangeBrew ist der erste Java-Virus. Er wurde im August 1998 entdeckt.

Stream Cipher

Stromverschlüsselung. Symmetrisches Kryptoverfahren, bei dem jedes Zeichen des Klartextes sequentiell mit den Chiffretext verknüpft ist.

Synonym: Stromchiffre.

Siehe auch: FMS-Attack.

Streuwertfunktion

Siehe: Hash.

Stringähnlichkeit

Synonym: String-Ähnlichkeitsvergleiche.

Siehe auch: Levenshtein-Distanz | Bloom-Filter.

Stromchiffre

Siehe: Stream Cipher.

Stromchiffre-Angriff

Siehe: FMS-Attack.

Streaming

Datenübertragungsverfahren, bei dem Audio- und Videodaten bereits während der Übertragung angehört und angesehen werden können.

Strukturangriffe, Internet-

Attacken auf Schlüsselelemente kritischer Infrastrukturen. Siehe: KRITIS.

Stuxnet

Im Jahre 2010 befällt der Computerwurm »Stuxnet« Industrieanlagen mit Automatisierungs-Systemen im Iran. Der Virus wurde von IT-Experten sogleich mit »Advanced Persistent Threats« (APT) betitelt, was vereinfacht gesagt, so viel bedeutet wie: Hightech Industriesabotage. Wobei die Programmierer des Virus mit vielen unterschiedlichen Angriffsoptionen arbeiteten. Stuxnet infiltrierte zunächst Windows-Systeme, um sich dann im lokalen Netzwerk zu verbreiten. Aktiv wurde der Schädling erst dann, wenn in der Netzwerkumgebung eine ganz bestimmte von Siemens entwickelte Prozesssteuerungssoftware »SCADA« aktiv war.

SCADA steht für: SIMATIC Win CC Supervisory Control And Data Acquisition. Stuxnet manipulierte dann gezielt in diesen Anlagen die SPS-Steuerung, sodass damit betriebene Zentrifugen zur Urananreicherung geschädigt werden. Der

Virus richtete sich gegen das iranische Atomprogramm und war sicherlich nicht die erste Attacke, die gegen Industrieanlagen dieser Art eingesetzt wurde, wohl aber die bisher populärste und gewiss die teuerste von einem Nationalstaat in Auftrag gegebene Cyberwaffe.

Subnet

Gebildet aus der engl. Wortreihe »sub« und »net«, was so viel bedeutet wie Teil-Netz. Ein Subnet ist ein Teilnetz eines paketvermittelten IP-Netzwerkes.

Subscriber

Dt. Abonnent(in), bzw. Unterzeichner(in).

Substitution

In der Informatik das Ersetzen eines Zeichens.
Siehe auch: Levenshtein-Distanz.

Subversion, Error-

Gefakte Störungsmeldung eines IT-Systems, um Bedrohungen und Angriffe zu verschleiern.

Suchmaschine

Eine Suchmaschine ist ein Diensteanbieter zur Suche von elektronischen Ressourcen im WWW.

Um den Suchanfragen der Nutzer gerecht zu werden, durchsuchen und indizieren Suchmaschinen ständig das Internet. Der Teil einer Suchmaschine, welcher das Internet nach Dokumenten durchsucht, nennt man Crawler. Dieser indexiert die gefundenen Inhalte sowie die dazugehörenden Schlüsselwörter in einer internen Datenbank. Schickt ein User eine Suchanfrage ab, vergleicht die Suchmaschine die Wörter der Suchanfrage mit den Schlüsselwörtern in der Datenbank. Als Ergebnis der Anfrage werden Websites mit ihrer URL angezeigt, die der Anfrage entsprechen. Die weltweit am meisten verbreitete Suchmaschine ist Google.

Synonym: Suchdienst; Navigationshilfe; Search-Engine.

Siehe: Google | Baidu | Bing | Yahoo | Yandex | DuckDuckGo | Ecosia | Tineye.

Siehe auch: SEO | Crawler | Websites, Meistbesuchte -.

Supercomputing

Siehe: HPC | QKD | Quantum Attack.

Supply Chain Attack

Angriffsmethode, welche eine gezielte Ausrichtung auf eine Schwachstelle in einer Lieferkette hat, wobei Angreifer das Vertrauen ausnutzen, das Unternehmen in Drittanbieter setzen. Bedrohungsakteure platzieren bereits im Vorfeld Schadcode in Hardware- oder Firmware-Komponenten. Die Unternehmen haben keine Erkenntnis der Kompromittierung ihrer Produkte, signieren oder zertifizieren ihre Apps oder Updates »im guten Glauben« und geben die Produkte inklusive Schadcode an ihre Kunden weiter.

Bedrohungsakteure manipulieren die Herstellungsprozesse, so dass es zu Unterbrechungen oder Ausfällen der Dienste eines Unternehmens kommt. Supply-Chain-Angriffe haben, aufgrund neuer Angriffsvektoren und des hohen Status der getroffenen Ziele, zunehmend an Bedeutung gewonnen. Die bekanntesten Supply-Chain-Cyberattacken waren der Angriff auf den amerikanischen IT-Dienstleister SolarWinds 2019 und der

Feldzug gegen den E-Mail-Marketingdienst Constant-Contact im Jahre 2022. Für beide wurden russische Hackergruppierung verantwortlich gemacht[63].

Support

Reparatur- und Beratungsservice.

Synonym: Service; Service-Anforderungen.

Surface-Web

Siehe: Clearnet.

Swartz, Aaron

Aaron Swartz, geb. am 8. November 1986, war bereits im Alter von 14 Jahren Co-Autor der RSS-Spezifikation 1.0, einem strukturierten Datenformat für Kurznachrichten. Er war Mitbegründer von reddit.com und watchdog.net, galt als ein Protagonist der Hackerszene, Hacktivist und vehementer Verfechter der Open-Access-Bewegung. Er stand öffentlich zu seiner Überzeugung und forderte, in einem offenen Brief: »Guerilla Open Access Manifesto« für alle Menschen den freien Zugang zu Informationen. Am 4. September 2008 leakte Swartz die US-amerikanische Justiz-Datenbank PACER; am 7. Januar 2011 nutzt er das MIT-Campus-Netzwerk, um an Millionen von Zeitschriftenartikeln aus den Archiven der JSTOR (Journal STORage) Server zu gelangen. Die Daten aus beiden Hacks machte Swartz öffentlich. Im Alter von 26 Jahren begeht Aaron Swartz Selbstmord. Für Angehörige und Freunde steht fest, dass die übereifrige Verfolgung durch die US-Justiz ein wesentlicher und folgenschwerer Faktor gewesen sei, durch den

---

[63] WSJ, Mike Pompeo | Stern, Malte Mansholt

Aaron Swartz in den Suizid getrieben wurde. »Er wollte die Daten nicht stehlen, sondern für jedermann frei zugänglich machen.«

Siehe auch: PACER-Hack.

Swatting

Abk. für engl. Special Weapons and Tactics. Der Name leitet sich ab von dem Spezialeinsatzkommando der US-Polizei »SWAT«. Swatting ist ein bösartiger Telefonstreich, bei dem der »Swatter« den Opfern ein SWAT-Team in die Wohnung schickt.

Siehe auch: Cyber-Mobbing.

Symbian-Hack

Siehe: Digitale Erpressung.

Symbolsprache

Siehe: Assembler.

Symmetrische Kryptosysteme

Siehe: Kryptologie.

Sysadmin

Abkürzung für Systemadministrator. Gebildet aus der Wortreihe »System« und »Administrator«, lat. »administrare« ≙ verwalten.

Synonym: Admin; Administrator.

Siehe auch: Admin.

Systemfehler

Siehe: Bug | Blue Screen.

Systemsicherheit

Im Kontext der IT-Sicherheit ist die Systemsicherheit die Bewahrung eines stabilen Zustandes des informationstechnischen Systems.

Siehe auch: Schutzziele.

T

Takedown

Offline nehmen – auch die Stilllegung oder Zerschlagung krimineller Datennetze.

TAN

Abk. für Transaktionsnummer. Einmal-Passwort, zum Beispiel beim Homebanking. Gilt zeitlich begrenzt und nur für eine bestimmte Transaktion. Abhängig vom verwendeten Endgerät des Bankkunden unterscheidet man:

- pushTAN
  Kunde erhält TAN über eine spezielle App auf sein Smartphone.

- smsTAN / mTAN
  Kunde erhält TAN über SMS-fähiges Handy.

- chipTAN -optisch
  TAN-Generator liest Flickercode vom Monitor.

- chipTAN -QR
  TAN-Generator liest QR-Code vom Monitor.

- chipTAN -Photo
  TAN-Generator oder Smartphone-App liest Foto vom Monitor

- iTAN - veraltetes indiziertes TAN-(Listen-)Verfahren.

Synonym: Einmal-Kennwort; Einmalpasswort; Elektronische Unterschrift.

Tango Down

Netzjargon für Websites, die nicht mehr erreichbar sind, weil sie durch einen Hackerangriff blockiert wurden.

TAO

Abk. für Tailored Access Operations. US-amerikanische Spezialeinheit der NSA, gegr. 1997.

Target Corporation Hack

Cyberattacke gegen die US-Kaufhaus-Kette »Target« in der Vorweihnachtszeit 2013. Gestohlene Kreditkarten-Informationen wurden in einem russischsprachigen Untergrund-Forum unter dem Namen: »Lampeduza« angeboten. Der Codename der veröffentlichten Dumps im Slang der Kriminellen war »Tortuga«.

Tastenaufzeichner

Siehe: Keylogger.

TCP/IP

Abk. für engl. Transmission Control Protocol / Internet Protocol. Ist die am meisten genutzte Kommunikations- Sprache bei der Datenkommunikation in privaten Netzwerken und die Standard-Kommunikationssprache in Paket-vermittelten IP-Netzwerken wie das Internet. TCP/IP ist nicht an ein Betriebssystem gebunden und ermöglicht einen fehlerfreien Datenaustausch.

Synonym: Kommunikationssprache.

Siehe auch: Internet | Protokoll | UDP.

Technik, vernetzte

Siehe: Internet der Dinge | Smart-Home | SHODAN.

Telefon Hacking

Siehe: Phreak(er).

Telemedien

Rechtswissenschaftlicher Begriff, der nahezu alle Angebote im Internet und nahezu alle Dienste der Informations- und Kommunikationstechnologie einschließt.

Siehe auch: Datenschutz | DSGVO | BDSG.

Telemetrie

Dt. Entfernungsmessung. Im Kontext der IT-Sicherheit: Erhebung und Übermittlung von Daten durch Endkunden.

TEMPEST

Codename für das Abhören der elektromagnetischen Abstrahlungen von Computergeräten.

TeleSpa-Hack

Bis zum Oktober 2015 gelang es Cyberkriminellen, zahlreiche Telekom-Kunden auszuspähen, die auch gleichzeitig Ihre Online-Konten bei den Sparkassen hatten. Die Hacker kamen, durch kompromittierte Anmeldeinformationen, in den Besitz von Zugangsdaten, Passwörtern, Konto- und Handy-Nummern. Es folgte ein Social-Engineering-Angriff gegen das Telekom-Callcenter. Mit den erbeuteten Daten riefen sie mehrere Callcenter an, und gaben sich als Mitarbeiter eines Handyshops aus. Unter Vorspiegelung falscher Tatsachen meldeten sie den Verlust der SIM-Karten der kompromittierten Kunden und beantragten gleichzeitig neue Ersatzkarten. Die Cyberattacke ist als SIM-Swapping bekannt, bei dem Code per SMS übertragen werden: Kriminelle Hacker leiteten in diesem

Fall smsTAN's bzw. mTAN's an die erschlichenen Ersatz-SIM-Karten, die nun in ihrem Besitz waren. Sie hatten damit vollen Zugriff zu den Sparkassen-Konten. Letztlich war der Konto- und Identitätsdiebstahl nur möglich, weil die Mitarbeiter des Telekom-Callcenters es versäumt hatten, eine gültige Händler-Identifikation abzurufen.

Siehe auch: SIM-Swapping.

Terrapin Attack

Siehe: SSH.

Tethering

Dt. Anbinden. Fachjargon für eine Internetfreigabe bei einem Smartphone. Das Smartphone stellt dabei seinen Internetzugang anderen Geräten zur Verfügung. Die Anbindung der Geräte erfolgt über USB oder Bluetooth.

thelawpages

Onlineportal für Rechtsinformationen in Großbritannien.

Threat Agents

Ausgangspunkte einer Bedrohung /

Akteure, die über einen längeren Zeitraum Cyberattacken durchführen.

Synonym: Threat Actor; Angreifer; APT-Gruppe.

TI

Telematische Infrastruktur. Digitale Vernetzung der Praxen, Kliniken sowie der Patienten: »Sensible Gesundheitsdaten wie Befunde, Diagnosen, Medikationen oder Behandlungsberichte werden bestmöglich durch klare Regeln für Datenschutz,

Datensicherheit und datenschutzrechtliche Verantwortlichkeit in der Telematikinfrastruktur geschützt«[64]. »Für die Einführung und den Betrieb der TI ist die Gesellschaft für Telematik (gematik) zuständig. Die Sicherstellung von Datenschutz und Datensicherheit in der TI gehört zu ihren gesetzlichen Kernaufgaben. (…) Die Komponenten und Dienste der TI werden deshalb von der »gematik« zugelassen. Gleichzeitig erfolgt der Nachweis der Sicherheit nach den Vorgaben des Bundesamtes für Sicherheit in der Informationstechnik.«

Siehe auch: ePA.

Tim Berners-Lee

Erfand das World Wide Web im Jahr 1989, geb. am 8. Juni 1955 in London.

Siehe auch: URL | HTML | Internet.

Timing Attack

Dt. Rechenzeitangriff. Seitenkanalattacke auf einen kryptografischen Algorithmus. Der Angreifer erschließt sich einen verdeckten Informationskanal, indem er eine Zeitmessung logischer Rechenoperationen durchführt.

Durch das Auswerten der Korrelationen: Eingabedaten und Laufzeitverhalten, kann ein Angreifer das System kompromittieren.

Siehe: Side-Channel Attack | Covert Channel Attacks.

---

[64] Bundesgesundheitsministerium

Tineye

Bildidentifizierungs- und Suchsoftware.

Siehe auch: Suchmaschine.

Titan Rain

Chinesische, regierungsnahe Hacker-Gruppe aus der Provinz Guangdong. Ziele der Hacker waren im Jahr 2004, vertrauliche Informationen im militärischen Bereich auszukundschaften.

Weitere Codename chinesischer Hacker:

»Unit 61398« [~2003]; »UglyGorilla« [~2004]; »GhostNet« [~2007]; »Rocra« / »Red October« [~2007]; »Byzantine Candor« [~2008]; »Comment Crew« / »Shanghai Group« [~2010]; »Hidden Lynx« [~2011].

TJX Corporation Hack

Die US-Kaufhaus-Kette TJX wurde von Juli 2005 bis Januar 2007 mehrfach Opfer von Datendiebstählen. Für die US-Justiz war der ehemalige CIA-Informant Albert Gonzalez der Haupt-verantwortliche: Er wurde am 7. Mai 2008 verhaftet und war geständig. Insgesamt hatten Gonzalez und seine russischen Komplizen über 130 Millionen Kreditkarten ausspioniert.

Zu den Opfern gehörten BJ's Wholesale Club, OfficeMax, Barnes & Noble, Sports Authority, 7-Eleven, Hannaford Brothers, Boston Market und Dave & Buster's sowie Heartland Payment Systems. Am 25. 05. 2010 wurde der 28-jährige Albert Gonzalez zu 20 Jahren Gefängnis verurteilt.

TKIP

Abk. für engl. Temporal Key Integrity Protocol. Sicherheits-protokoll, basierend auf dem RC4-Algorithmus für WLAN-Netzwerke. Das WEP-Nachfolge-Verfahren gilt seit 2009 als unsicher.

TLD

Top Level Domain. Höchste Rangordnung im weltweiten Domain Name System. Man unterscheidet zwischen generischen Top-Level-Domains wie: .com, .net, .org oder .info und län-derbezogenen TLD wie: .de, .uk, fr.

TLS

Transport Layer Security, dt. Transportschichtsicherheit. Das am weitesten verbreitete Verschlüsselungsprotokoll zur Sicherung der Kommunikation über das Internet.

TMG

Abkürzung für Telemediengesetz. Das Telemediengesetz gibt in Deutschland die rechtlichen Rahmenbedingungen für elektronische Informations- und Kommunikationsdienste vor.
Siehe auch: Telemedien.

Token, Security-

Hard- oder softwarebasierter elektronischer Schlüssel. Security-Token dienen der Echtheitsüberprüfung eines Benutzers, der Zugangskontrolle oder der Absicherung einer Daten-übertragung. Sie finden Verwendung in Transponder-Chips, Autoschlüssel, Chipkarten oder TAN-Generatoren.

Tonwahl-Verfahren

Siehe: DTMF.

TOR-Netzwerk

The Onion Router - Netzwerk. Anonymisierungsdienst für Internetnutzer. Hauptbestandteil des Tor-Netzwerks ist der Tor-Browser und mehrere Tausend Netzknoten. Diese arbeiten als Proxyserver, die von Freiwilligen weltweit betrieben werden. Die Zuverlässigkeit der Anonymität ist abhängig davon, wer die Netzknoten kontrolliert: Die Knoten sind grob unterteilt in: entry-, middle- und exit-nodes. Das TOR-Netzwerk gilt als Haupt-Eintrittspforte für das Darknet und steht deshalb zu Recht unter Generalverdacht, die Basis für Kriminelle zu sein. Demgegenüber steht die Tatsache, dass solche Systeme einen sicheren Kommunikationsweg bieten, auch für Bürgerrechtler und Oppositionelle.

Synonym: TOR-Internetdienst.

Siehe auch: Darknet | User Tracking | Social Credibility System | Anonym Surfen | Sybil-Attack.

TOTP

Time-based One-time Password (Algorithmus). Hash-basiertes Passwort als Teil einer Zwei-Faktor-Authentifizierung (2FA). Bei TOTP spielt die Zeit eine zweifache Rolle: Zum einen wird das Passwort aus der aktuellen Uhrzeit abgeleitet und zum anderen ist die Gültigkeit zeitlich begrenzt.

Siehe auch: 2FA.

Tortuga

Siehe: Target Corporation Hack.

Torvalds, Linus Benedict

Begründer - und bis heute »Schirmherr« - des Betriebssystems Linux, geb. am 28. Dezember 1969 in Helsinki.

Siehe auch: Linux.

TR-069

Siehe: Speedport-Hack.

Trend Micro Incorporated

International agierender japanischer Anbieter von Software und Dienstleistungen in den Bereichen Server-, Netzwerk- und Endpunktesicherheit. Das 1988 gegründete Unternehmen unterhält Niederlassungen in mehr als 30 Ländern und gilt seit 2010 als Marktführer für Serversicherheit -laut Wikipedia.

Synonym: Antivirus; Sicherheits-Software; Virenschutz.

Tracking

Siehe: User Tracking.

Transportverschlüsselung

Siehe: SSL | TLS | HTTPS | IPSec.

Trapdoor

Siehe: Backdoor-Trojaner.

Trojaner

Scheinbar unschädliches Computerprogramm mit einem versteckten Schadcode.

Siehe auch: Malware.

Trojaner, Verschlüsselungs-

Siehe: Ransomware.

Trust-Center

Zertifizierungsstelle

Siehe: Certificate Authority (CA) | Elektronische Signaturen.

Turing, Alan Mathison

Gilt als Pionier der Informatik und der künstlichen Intelligenz. Am besten bekannt war er für seine Arbeiten über die: »Theory of Computation« (1937), Turing-Maschine (ebenfalls 1937), dem Brechen des Enigma-Codes (1940), dem Turing-Test (1950) sowie der Entwicklung eines der ersten Schachprogramme (1953), geb. am 23. Juni 1912 in London – † 7. Juni 1954.

Turing-Test

(Umstrittener) Intelligenztest einer künstlichen Intelligenz, - eingeführt von Alan Turing, 1950: Im Sommer 2014 titelte Detlef Stoller im ingenieur[65]: »Erstmals hat sich ein Computer glaubwürdig als Mensch ausgegeben«. Stoller beschrieb ein ukrainisches Forscherteam, welches eine künstliche Intelligenz, genannt »Eugene Goostman«, geschaffen hat. Das Team führte einen Turing-Test bei Eugene durch: Bei diesem Test müssen jeweils zwei Chat-Partner entscheiden, ob der Dritte im Bunde echt oder künstlich ist. Mensch oder Maschine in fünf Minuten. Das nun erfolgreiche Programm gibt vor, ein Junge namens Eugene Goostman zu sein, ein 13-jähriger Schüler aus der ukrainischen Stadt Odessa. Im Ergebnis war ein

---

[65] ingenieur.de/ Detlef Stoller | 20.11.21

Drittel der menschlichen Probanden überzeugt, dass Eugene ein Mensch gewesen ist.

In Zeiten von manipulativen Social Bots und Fake News sehen Kritiker erhebliche Gefahren durch das Vortäuschen menschlicher Identitäten.

Siehe auch: Social Bots | KI | Turing, Alan Mathison.

Twitter

Dt. Gezwitscher. US-amerikanisches Technologie-Unternehmen und Mikroblogging-Dienst, gegr. im März 2006 von Dorsey, Jack Patrick; Stone, Christopher Isaac und Williams, Evan. Nach der Übernahme von Twitter durch den Tech-Milliardär Elon Musk im Oktober 2022 bekam Twitter einen neuen Namen, nämlich »X«. Die Internetadresse von X blieb weiterhin: www.twitter.com/. Mit der Übernahme von Twitter bekam die Plattform einen weiteren Rivalen durch Zuckerbergs Mikroblogging-Dienst »Threads«. Für Nils Dampz[66] ist sicher, Twitter hat sich extrem verändert; Musk entlässt Tausende Mitarbeitende: »aus Spargründen, wie er sagt. Quer durch die Firma werden Teams ganz aufgelöst oder stark verkleinert. Presseanfragen werden seitdem mit einer automatisierten E-Mail beantwortet, zwischenzeitlich auch nur mit einem Kothaufen-Emoji. Von den Entlassungen betroffen sind auch viele Mitarbeitende der Teams, die sich um kritische Inhalte kümmern, die sogenannte Content-Moderation. Das hat großen Einfluss auf die Sicherheit auf der Plattform. Mehrere Studien zeigen, dass Desinformation und Hassrede bei Twitter, jetzt X, seit der Übernahme angestiegen sind.« Am 23.10.2023 leitete die EU-Kommission ein Verfahren gegen das

---

[66] tagesschau.de, 13.10.23

Unternehmen ein: »Wegen der Welle falscher oder irreführender Informationen über den Terrorangriff auf Israel« (…) »hat die EU-Kommission ein Verfahren gegen das Unternehmen eingeleitet. Der früher als Twitter bekannte Online-Dienst tue nicht genug gegen Falschinformationen.« (…) »Erstmals nutzt die EU-Kommission damit die neuen Möglichkeiten der verschärften europäischen Digital-Gesetze. Der sogenannte Digital Services Act (DSA) sieht im Falle eines groben Verstoßes gegen die Regeln empfindliche Strafen vor - bis zu einer Höhe von sechs Prozent des globalen Umsatzes.«

Synonym: Mikroblogging; Mikroblogs.

Siehe auch: DAS (Digital Services Act).

TYPO3

PHP-basiertes Open Source Blog-System, -1998-.

Synonym: Inhaltsverwaltungssystem; CMS.

Typosquatting

Kriminelle Cyberakteure konzipieren und registrieren gefälschte Websites, sogenannte »Typosquatte Domain-Namen«, die das Erscheinungsbild, unter anderem eines Zahlungsdienstleisters, nachahmen. Dabei fehlt gegebenenfalls nur ein Buchstabe oder o.Ä. in der Webadresse. Der Betrug zielt auf Nutzer ab, die eine Website-Adresse falsch in ihren Webbrowser eingeben und so auf eine schädliche Website gelangen.

Synonym: URL-Hijacking

Siehe auch: Homografischer Angriff.

U

UAF- Exploit

Use After Free. Sicherheitslücken im Kontext der Art und
Weise, wie ein Programm seinen Arbeitsspeicher verwaltet.
Bedrohungsakteure können eigenen Code in den Arbeitsspeicher schreiben oder das System komplett zum Abstürzen bringen.

Überlastungsangriff

Siehe: Dienstverweigerungs-Angriff.

Überwachungssoftware

Siehe: Kryptohandy | Spionage-Apps | User Tracking | PRISM
| KI.

UDP

Protokoll für Datenübertragungen. Das User-Datagram-Proto-
col (UDP) ist ein Netzwerkprotokoll, das zum Transport von
Daten über ein Netzwerk verwendet wird. UDP wird oft dort
eingesetzt, wo eine schnelle Übertragung von Echtzeitdaten erforderlich ist, und Verluste von einzelnen Paketen toleriert
werden können, wie zum Beispiel bei Audio- und Video-
streaming, Online-Spielen und DNS (Domain Name System).
Im Vergleich zu TCP ist UDP einfacher und erfordert weniger
Overhead. Es bietet jedoch keine Sicherheitsmerkmale für die
Bestätigung oder Wiederherstellung von verlorenen Paketen.
Aufgrund der fehlenden Sicherheitsmerkmale und der einfachen Implementierung von UDP können DDoS-Angriffe leichter auf UDP-basierte Dienste abzielen.

Synonym: Kommunikationssprache.
Siehe auch: Internet | Protokoll | TCP/IP.

UEFI

Abk. für engl. Unified Extensible Firmware Interface, dt. vereinheitlichte, erweiterbare Firmware-Schnittstelle. Schnittstelle für veränderbare Einstellungen der Hauptplatinen-Steuerung. Nachfolge-System von BIOS (Basic Input/Output System) und EFI (Extensible Firmware Interface). Bestandteil aktueller UEFI-Versionen ist ein Sicherheitssystem, welches ausschließlich signierte Startdateien lädt, und damit Schadsoftware am Ausführen hindert.

Unterschrift, Elektronische-

Siehe: TAN; Zertifizierungsstelle.

Unterseekabel

Siehe: Internet.

Update

Aktualisierung einer Software, um Fehler oder Sicherheitslücken zu beheben.
Synonym: Patching; Fehlerbehebung; Sicherheitskorrekturen; Service Release; Hotfix; Bugfix.
Siehe auch: Upgrade.

Upgrade

Bieten Softwareanbieter Aktualisierungen an, die die Software komplett ersetzt, eine höhere Version erzielt oder Änderungen an Programmfunktionen einen größeren Umfang haben, spricht man von Upgrade.

Synonym: Patching; Fehlerbehebung; Sicherheitskorrekturen; Service Release; Hotfix; Bugfix.

Urheberrecht

Siehe: Kopierschutz | Raubkopie | Schlüssel, Produkt- | Crack / Cracker | Behörden, zum Schutz von Rechten.

URL

Abk. für engl. Uniform Resource Locator, dt. einheitlicher Ressourcen-Zeiger. Vollständige syntaktische Bezeichnung einer WWW-Ressource im Internet. Beinhaltet das Übertragungs-Protokoll: HTTP, HTTPS oder FTP, den vollständigen Namen einer Domain (≙ Fully Qualified Domain Name) sowie spezifische Variablen, mit denen Informationen an die Programmierung der Webseite weitergegeben werden.

Synonym: URI (Uniform Resource Identifier); Link; Hyperlink; Internetadresse; Webadresse; WWW-Adresse.

Siehe auch: Website | HTML | Internet | Tim Berners-Lee | Browser.

Urteilssprüche

Siehe: Onlineportale für Rechtsinformationen.

USB

Universal Serial Bus. Schnittstelle, die eine Datenübertragung bis zu 40 GBit/s (USB4) ermöglicht. USB-Stecker, Kabel oder Sticks haben mindestens eine 4-fache Pinbelegung: Daten werden seriell über zwei innere Signalleitungen übertragen; zwei weitere äußere Leitungen: VCC + 5V und GND stellen eine permanente Stromversorgung.

Synonym: Schnittstelle.

Siehe auch: Baiting.

USB-Hotspot

Siehe: Tethering.

User Tracking

Aufzeichnung und Erfassung des Surf-Verhaltens durch Werbetreibende und Inhalteanbieter über verschiedene Websites hinweg. Die Aktivitätenverfolgung und Nutzer-Erkennung erfolgt client- und serverseitig. Clientseitige Analysen resultieren durch die Auswertung von Cookies und Zähl- oder Tracking-Pixel. Die serverseitige Logfile-Analyse (Fingerprinting) stützt sich auf Informationen, die der Browser des Clientrechners (oder das E-Mail-Programm) an die angeforderte Webseite übermittelt. Informationen können sein:

- Erkannte und durchgereichte IP-Adressen
- Zuvor besuchte Websites
- Provider-Informationen
- Sprache, Land
- mobiles Endgerät: Ja oder Nein
- Betriebssystem (Name und Versionsnummer)
- Browser (Name und Versionsnummer)
- Größe des Browserfensters, Farbtiefe
- Bildschirmauflösung
- Informationen über Audio- und Video-Hardware
- Informationen über (oder von) Browser-Plug-Ins, wie zum Beispiel: Vbscript, ActiveX, Adobe Acrobat Reader, Microsoft Office, Shockwave Flash, Java, JavaScript.

Ferner kann das User-Verhalten innerhalb einer Webseite erfasst werden. Dazu gehören: welche Unterseiten besucht wurden, Ladezeit, Abrufzeit, Verweildauer und Absprungrate.

Synonym: Fingerprinting; Webtracking; Web-Analyse; Aktivitätsspuren; Massenüberwachung; Datenschatten; Aktivitätenverfolgung; digitaler Fußabdruck; Geräte-Kennungen.

Siehe auch: DAS (Digital Services Act) | Anonym Surfen | Dark Patterns | DNT (Do Not Track) | Cookies | TOR-Netzwerk.

UTM

Abk. für engl. Unified Threat Management. Dt. »Einheitliches Gefahren Management«. Sicherheitskonzept, welches mehrere Schutzlösungen miteinander vereint.

V

Validierung
Siehe: Plausibilitätsprüfung.

Variable
In der Programmierung ist eine Variable ein Platzhalter für einen Datenwert, der während des Programmablaufs eine andere Größe annehmen kann.

VBA / VBS
Siehe: Visual Basic.

Verifizierungscode
Ist das Passwort in Vergessenheit geraten und deshalb eine Anmeldung nicht möglich, bieten Dienstleister eine Alternative an. Abhängig von den hinterlegten Sicherheitsinformationen bei der Erstanmeldung sendet der Dienstleister einen Verifizierungscode per SMS, App oder E-Mail an den User. Mit der Eingabe des Verifizierungscodes kann der User sein ursprüngliches Passwort zurücksetzen und ein neues vergeben. Ein Verifizierungs- bzw. Bestätigungscode kann auch bereits bei der Erstanmeldung gefordert werden.
Synonym: Bestätigungscode; Sicherheitscode; Passcode.
Siehe auch: Captcha.

Verizon
US-amerikanischer Telefonanbieter in NY, gegr. 2000.

Vernetzungstechnologie

Siehe: Ethernet | Lichtwellenleiter.

Verschlüsseln

Siehe: Chiffrieren.

Verschlüsselungsprogramme

Bekannte Verschlüsselungsprogramme sind: TrueCrypt, PGP, VeraCryp, FileVault.

Synonym: Verschlüsselungsverfahren.

Siehe auch: Datenverschlüsselung | Kryptologie | Schlüssel-austauschproblem.

Vertrauensdiensteanbieter

Siehe: Certificate Authority (CA) | BNetzA.

Verwaltungskonto für Bürger

Damit Bürger rechtswirksam mit Ämtern elektronisch kommunizieren können, sollen E-Mails nachweisbar und verschlüsselt sein. Die Identität der Nutzer und Nutzerinnen muss im Vorab geprüft werden. In Deutschland wird dies im Onlinezugangsgesetz (OZG) geregelt. Zurzeit bestehen Verträge mit drei Anbietern: FP Digital Business Solutions GmbH, Web.de und GMX. Der Systemname ist bekannt als »De-Mail«.

Laut dem Beauftragten der Bundesregierung für Informations-Technik sind De-Mails auf dem Transportweg »immer verschlüsselt und werden verschlüsselt abgelegt. Die Nachrichten sind für Unbefugte zu keiner Zeit zugänglich und können weder mitgelesen noch verändert werden. Zusätzlich können De-Mails Ende-zu-Ende-verschlüsselt werden. Die De-Mail-Anbieter vereinfachen die Ende-zu-Ende-Verschlüsselung durch

Zusatzprogramme, die auch ohne Vorkenntnisse genutzt werden können. De-Mail bietet eine gesetzlich abgesicherte Zustellung. Versand, Empfang und Inhalte von De-Mails können rechtswirksam nachgewiesen werden. Auch für Korrespondenz, die eine nachweislich fristgerechte Zustellung erfordert, ist De-Mail geeignet.«[67] Laut Markus Richter, Staatssekretär im (BMI) und CIO des Bundes endet die Unterstützung von De-Mail in der Verwaltung am 31.8.2024.[68] Im Bereich »Digitalisierung von Bürgerdiensten« gibt es noch das Nutzerkonto des Bundes; das BundID-Konto. Mit diesem Konto kann man sich mit der Online-Ausweisfunktion des Personalausweises für Verwaltungsleistungen anmelden.

VI

Urgestein und De-Facto-Standard-Editor unter Unix und Linux. Umständlich zu bedienen, - steht aber bei jeder Linux-Distribution ohne Nachinstallation zur Verfügung.

vi --help	Zeigt Hilfe zum Editor VIM an
vi test.txt	Startet den Editor vi mit der leeren Datei »test.txt«
i	Wechselt in den Editiermodus (vi)
[ESC]	Verlässt den Editiermodus
:!q	vi verlassen ohne zu speichern
:w	speichern
:w name	speichern unter einem neuen Namen
:wq	speichern und verlassen oder »:x«

Synonym: Zeileneditor.

---

[67] bmi.bund.de

[68] Siehe Christian Wölbert / heise online

Virensignatur

Byte-Folge, die von Virenschutzprogrammen genutzt werden, um Schadsoftware eindeutig zu identifizieren.

Synonym: Fingerabdruck.

Virtualisierung

Laufzeitumgebung für Desktop-Computer oder Server, mit dem ein weiteres Betriebssystem oder Programme in einer (isolierten) virtuellen Umgebung laufen können. Im Bereich der Endanwender sind die bekanntesten Visualisierungs-Dienste: »VirtualBox«, eine kostenlose Laufzeitumgebung des US-amerikanischen Unternehmens Oracle, sowie »Wine«, mit dem man Windows-Software unter Linux verwenden kann.

Synonym: Emulator; Virtual Machine; Gastbetriebssystem.

Siehe auch: Wireshark | Wifite.

Virus

Siehe: Computervirus.

Vishing

Angriffsmethode, bei der Hacker softwaregesteuerte Anrufe bei Opfern veranlassen oder selbst durchführen, um an deren Identitäts- und Zugangsdaten zu gelangen.

Synonym: Identitätsdiebstahl; Social Hacking; Social-Hack.

Visual Basic

Visual Basic ist von der gleichnamigen, ursprünglichen Programmiersprache Basic abgeleitet.

Visual Basic ist Microsofts Weiterentwicklung der Programmiersprache Basic und Teil **der** Entwicklungs-Umgebung von Visual Studio. Wobei im Betriebssystem Microsoft von Anbeginn unterschiedliche Basic-Dialekte integriert waren: QBasic - aka QuickBASIC - wurde zusammen mit MS-DOS 5.0, Windows 95, Windows NT 3.x und Windows NT 4.0 ausgeliefert. In den 90er-Jahren kam Visual Basic for Applications (VBA), und VBS oder VBScript dazu. In Office 97 trägt VBA die Versionsnummer 5.0, in Office 2000 6.0, Office 2001 unterstützt 6.3. VBA ist grundsätzlich kompatibel zur Visual Basic 6.0-Vollversion. Darüber hinaus unterstützen auch noch viele andere Anwendungen VBA[69], - zum Beispiel: AGRESSO 5, CorelDraw ab Version 9.0, IntelliCAD 2000, Micrografx iGrafx Professional, Psipenta, Rational Rose, TurboCAD Professional und WordPerfect Office 2000.

Während VBA-Code eine Laufzeitumgebung benötigt, kann VBS oder VBScript direkt vom Betriebssystem interpretiert werden - genauer gesagt vom Windows Script Host (WSH).

VBScripte (Endung *.vbs) wurden in der Vergangenheit des Öfteren von schädlicher Malware missbraucht. Eine unrühmliche Bekanntheit erlangte am 04.05.2000 der Internetwurm »I-LOVEYOU«, aka. »Loveletter«.

Nutzer des E-Mail-Clients: »MS Outlook«, die eine Nachricht mit der Betreffzeile: »ILOVEYOU« erhielten, unterlagen dem Irrglauben, einen Liebesbrief erhalten zu haben und klickten den Anhang. Das Öffnen des E-Mail-Anhangs führte schließlich zum Ausführen eines schädlichen VBScriptes.

---

[69] Visual Basic O'Reilly

Der Wurmcode kopierte sich zunächst mehrfach selbst im Systembereich. Danach setzte er einen Schlüssel in der Registrierungs-Datenbank des Betriebssystems, sodass er bei einem Neustart des Systems ausgeführt wird. Nachdem der Code weitere schädliche Aktionen im Systembereich ausgeführt hatte, versendet er sich selbst an alle Kontaktdaten in dem E-Mail-Client: MS Outlook. Der VBS-Virus verbreitet sich auch über den mIRC-Client.

Medienberichten zufolge infizierte der Schädling innerhalb von 24 Stunden 45 Millionen Computer. Im Laufe der Zeit veränderten Hacker den Code mehrfach, sodass viele Varianten des ursprünglichen Wurms in Umlauf gewesen sind.

Synonym: Visual Studio; Entwicklungsumgebung; Microsoft.

Siehe auch: Interpreter.

VK.com

Russisches soziales Netzwerk, - bis 2012: Vkontakte.ru/.

Vodafone-Hack

Im Spätsommer 2013 stand eine der größten »Transaktionen in der Wirtschaftsgeschichte«[70] kurz vor ihrem Abschluss. Der britische Mobilfunkriese Vodafone verkaufte seinen 45-Prozent-Anteil an den amerikanischen Mobilfunker Verizon Wireless und führte gleichzeitig Übernahme-Verhandlungen von Kabel Deutschland durch. Laut dem Handelsblatt hat der größte deutsche Kabelanbieter »eine gut ausgebaute Infrastruktur: Das Unternehmen ist in 13 der 16 Bundesländern aktiv und hat 8,5 Millionen Kunden.«

---

[70] Mediahuis Luxembourg S.A

Während dieser Transaktionen wurde der britische Telekommunikationsriese Vodafone Opfer einer Cyberattacke. Betroffen waren 2 Millionen Kundendaten. Vermutlich erbeuteten Innentäter: Namen, Adress-Daten, Geburtsdaten, Angaben über das Geschlecht sowie Kontodaten und Bankverbindungen.

Laut Vodafone passierte der Datenangriff am 05.09.2013[71]. Der Leak sei »nur mit hoher krimineller Energie sowie Insiderwissen möglich und fand tief versteckt in der IT-Infrastruktur des Unternehmens statt«. Vodafone informierte seine Kunden zwar unverzüglich über den Sicherheitsvorfall, stellte aber die Presse- und Kunden-Info-Seiten innerhalb kürzester Zeit wieder offline. Kunden sahen dann die Meldung:

»Deine Wunschseite gibt's leider nicht. Das tut uns leid. (…)«.

VoIP

Abk. für engl. Voice over Internet-Protokoll. Telefonieren über die Netzwerkarchitektur des Internets.

Synonym: IP-Telefonie.

Vorschussbetrug

Siehe: Scam.

VPN

Abk. für engl. Virtual Private Network.

Siehe auch: Geoblocking.

---

[71] Marcus Lange / Vodafone-Chat

VPN Kill-Switch

Softwarebasierender Schalter. Unterbricht die Verbindung zum Internet, wenn die VPN-Verbindung fehlschlägt.

VPN-Tunnel

Abk. für engl. Virtual Private Network- Tunnel. Privates Kommunikationsnetz, welches innerhalb eines öffentlichen Netzwerkes wie ein Tunnel zwischen Sender und Empfänger, eine sichere, verschlüsselte Datenübertragung darstellt.

Vulnerability

Ein Fehler oder eine Schwachstelle im Umfeld der elektronischen Datenverarbeitung, die ausgenutzt werden kann, um die Sicherheit des Computersystems, des Netzwerkes, der Anwendung oder des Protokolls zu gefährden. Von »High-Risk Vulnerability« spricht man immer dann, wenn betroffene Anwendungen ein großes Verbreitungsgebiet umfassen.

Vulnerability Scan

Dt. Schwachstellen-Scan. Scannen von Computern oder Netzwerken, um Sicherheitslücken zu identifizieren.

Synonym: Schwachstellenanalyse.

W

WANK

Worms Against Nuclear Killers. Computerwurm, 1989.

Wannabe

Netzjargon für jmd. der vorgibt etwas zu sein was er nicht ist.

Synonym: Heuchler; Möchtegern.

WannaCry

»WannaCry« ist eine Ransomware. Die Schadsoftware besteht aus zwei Teilen: Der erste Teil nutzt die bekannte Windows-Sicherheitslücke »EternalBlue« aus, mit dem die Hacker einen Fernzugriff auf das Zielsystem etablieren; ein zweiter Teil lädt eine Ransomware nach, die wichtige Dateien verschlüsselt. Die Ransomware auf den infizierten Systemen meldet sich bei den Nutzern vor einem roten Hintergrund und fordert diese auf, ein »Lösegeld« in Form von Bitcoins zu zahlen.

Siehe auch: Ransomware | Digitale Erpressung | MCP-Hack.

Wardriving

Angriffsmethode, bei der Cyberkriminelle die Umgebung (mithilfe eines Fahrzeugs) nach unverschlüsselten oder knackbaren Drahtlos-Funknetzen absuchen. Meistens laden Angreifer die Funk-Daten mittels einer Verstärker-Antenne auf einem Laptop herunter und decodieren sie.

Synonym: WLAN-Catcher; Lauschangriff.

Siehe auch: MITM-Attack | IMSI-Catcher | NewsTweek | TJX Corporation Hack.

Warez

Von engl. Wares, dt. Waren. Illegal verbreitetes Spiel- oder Anwendungsprogramm, dessen Kopierschutz beseitigt wurde.

Siehe auch: Raubkopie.

Watering Hole Attack

Dt. »Angriff an der Wasserstelle«. Angriffsmethode, bei der Cyberkriminelle ihre Opfer zunächst ausspähen, mit dem Ziel, herauszufinden, welche Websites sie häufig besuchen: Angreifer untersuchen nun diese Sites auf mögliche Schwachstellen und präparieren sie mit Schadcode. Die infizierte Website ist im übertragenen Sinn: eine Wasserstelle, die zur Falle wird.

Wayne, Ronald Gerald

Mitbegründer von Apple, geb. am 17. Mai 1934 in Cleveland, USA.

Siehe auch: Apple.

Webadresse

Siehe: URL.

Webbrowser

Siehe: Browser.

Web Cache Deception Attack

Sicherheitslücke in der Web-Cache Funktionalität, entdeckt von dem Sicherheitsforscher Omer Gil, Februar 2017.

Weblog

Siehe: Blogpost.

Web-Robot

Siehe: Botnet.

Webschutz

Alle namhaften Antivirenhersteller bieten einen separaten Webschutz. Dieser blockt schädliche Websites (und Downloads) bereits vor dem Aufrufen. Der Schutz wird bei den Browsern: Firefox und Google Chrome als Erweiterung installiert (Einstellungen/Erweiterungen/…) und fordert bei der Installation Administrator-Rechte.

Synonym: WebProtection; Websicherheit.

Siehe auch: Sicherheitsdisziplin

Web-Server

Webserver sind ständig mit dem Internet verbunden und stellen Webinhalte bereit, die unter einer bestimmten Internetadresse zusammengefasst sind.

Synonym: HTTP-Server; Web-Hosting; Domain-Hosting.

Siehe auch: Apache HTTP-Server | IIS.

WEP

Abk. für engl. Wired Equivalent Privacy. Protokoll zur Authentisierung und Verschlüsselung von drahtlos Netzwerken.

Website

Gebildet aus der englischen Wortreihe: »Web« für World Wide Web ≙ weltweites Netz und »Site« ≙ Standort. Texte und Multimediainhalte, die unter einer bestimmten Internetadresse zusammengefasst sind und weltweit eindeutig im Internet adressierbar sind.

Synonym: Site; Webseite; Webauftritt; Internetangebot; Online-Publikationen; Netzpublikation; Webapplikation.

Siehe auch: Hyperlink | URL | HTML | Internet | Tim Berners-Lee.

Websites, Meistbesuchte -

google, youtube, facebook, baidu.com, wikipedia, qq.com, tmall.com, yahoo, taobao.com, amazon, twitter sohu.com, jd.com, live.com, vk.com, instagram, weibo.com, sina.com.cn, yandex.ru, 360.cn, tmall.com, reddit.com, blogspot.com, linkedin.com, twitch.tv, porn555.com, pornhub.com, mail.ru, aliexpress.com, t.co, microsoft, csdn.net, alipay.com, livejasmin.com, ebay, naver.com, bing, tribunnews.com, imdb.com, xvideos.com, github.com, bilibili.com, stackoverflow.com[72].

google, youtube, facebook, instagram, twitter, baidu.com, wikipedia, yahoo, yandex.ru, whatsapp, xvideos.com, pornhub.com, amazon, xnxx.com, tiktok.com, live.com, docomo.ne.jp, linkedin.com, openai.com, reddit.com, dzen.ru, vk.com, weather.com, bing.com, xhamster.com, naver.com, turbopages.org, mail.ru, samsung.com, discord.com, max.com, twitch.tv, realsrv.com,

---

[72] laut alexa.com, 20.2.2019

pinterest.com, bilibili.com, microsoft, roblox.com, zoom.us, duckduckgo.com, qq.com, msn.com, stripchat.com, fandom.com, quora.com, ebay, globo.com.[73]

Website-Identität / Webtracking
Siehe: User Tracking | Cookies | Popup | DNT (Do Not Track).

Web Injection
Siehe: NewsTweek | Code Injection Attacks.

WeChat
Messaging-Dienst.
Siehe: Messenger.

Well-Known Ports
Siehe: Internet.

Whaling
Ausspähen von Führungskräften in Unternehmen oder Regierungen, um an Anmelde-Informationen oder Zugangsdaten zu gelangen.

Oft werden diese Führungskräfte unter Vorspiegelung falscher Tatsachen dazu bewogen, sensible Informationen preiszugeben. Mit den gestohlenen Informationen werden dann weitere Cyberattacken ausgeführt.

---

[73] laut similarweb.com, 14.07.2023

WhatsApp

Instant-Messaging-Dienst mit dem Schwerpunkt der Vernetzung von Freunden und Bekannten.

Siehe: Messenger / Chat | Meta, Inc.

Whistleblower

Hinweisgeber oder Informant, der Risiken in Kauf nimmt, indem er etwas aufdeckt oder verrät.

Siehe auch: Assange, Julian Paul | Snowden, Edward.

White Hat

Hacker, der Sicherheitsbarrieren durchbricht und Sicherheitslücken aufzeigt – ohne kriminelle Absicht.

Wickr

Messaging-Dienst.

Siehe: Messenger.

Wiedereinspielung, Angriff durch

Siehe: Replay-Attack.

Wiederherstellungspunkt

Betriebssystem-Daten, die im Schadensfall auf einen früheren Systemstatus zurückgesetzt werden.

Synonym: Systemabbild; Systemwiederherstellung.

Windows, Microsoft

Siehe: Microsoft Corporation | CMD | IIS (Internet Information Server) | Bing | Domäne | Live Search | Explorer, Microsoft Internet- | Gates, »Bill« Henry William | Allen, Paul Gardner.

Wi-Fi

Abk. für engl. Wireless Fidelity, dt. Funktechnologie für lokale Drahtlosnetzwerke. Zum Beispiel, um Smartphones, Laptops oder Desktop-PCs mit dem Netzwerk-Router zu verbinden.

Synonym: WLAN; Drahtlostechnologie; Internetzugangspunkt.

Wifite

Analyse- und Hacker-Tool für verschlüsselte drahtlose Netzwerke – insb. Für WEP und WPA/WPA2. Das Programm verwendet Aircrack-ng, Pyrit, REAVER und Tshark-Tools, um Angriffe durchzuführen.

Siehe auch: Wireshark.

Williams, Evan

Mitbegründer des Microblogging-Dienstes Twitter, geb. am 31. März 1972 in Clarks, USA.

Siehe auch: Twitter.

Windows-Konfigurationsdaten.

Siehe: Registry.

Wireshark

Open-Source-Analyse- und Hacker-Tool für Netzwerkpakete. Zeigt live oder nach einer Aufzeichnung Datenpakete einer Netzwerk-Schnittstelle.

Verfügbar auf: Alpine und Arch Linux, Canonical Ubuntu, Debian, NU/Linux, FreeBSD, Gentoo Linux,

HP-UX, NetBSD, OpenPKG, Oracle Solaris, Red Hat Enterprise Linux / CentOS / Fedora und Apple macOS.

Synonym: Netzwerk-Monitoring; Netzwerkpaketanalysator; Netzwerk-Analysetool; Netzwerksniffer; Protokollanalyse.

Wiretapping

Abhören von Breitbandübertragungssystemen, Ethernet-Netzwerken oder Telefonleitungen.

WLAN

Abk. für engl. Wireless Local Area Network, dt. Funktechnologie für lokale Drahtlosnetzwerke.

Synonym: Wi-Fi; Drahtlostechnologie; Internetzugangspunkt.

WLAN-Adresse

Siehe: MAC (Netzwerkadapter).

WLAN-Catcher

Siehe: Wardriving.

WLAN-Passwort

≙ Netzwerkschlüssel.

Siehe auch: Passwort.

WordPress

PHP und MySQL basiertes Open-Source-Blog-System für das Erstellen von Internetpublikationen. Erscheinungsjahr: 2003.

Synonym: Inhalt-Verwaltungssystem; CMS.

Workaround

Dt. Notlösung. Fehlerbeseitigung in Soft- oder Hardware durch ein spezielles Verfahren.

Worst-Case-Szenario

Eine Annahme, über das Zusammentreffen von Einfluss-Faktoren, bei der im Ergebnis der schlimmste aller denkbaren Fälle eintritt.

Wörterbuchangriff

Siehe: Brute-Force-Attack.

Wozniak, Stephen Gary

Mitbegründer von Apple, geb. am 11. August 1950 in Sunnyvale, USA.

Siehe: Apple.

WPA2

Abk. für engl. Wi-Fi Protected Access 2 (WPA2). Sicherheitsstandard für Drahtlosnetzwerke, basierend auf dem Advanced Encryption Standard: AES für Funknetzwerke. Nachfolger von WPA, mit verbessertem Verschlüsselungs-Mechanismus:

Jedes übertragene Paket wird jetzt mit einem anderen Schlüssel gesendet, wodurch es schwieriger ist, einen Initialisierungsvektor-Angriff auf das Protokoll durchzuführen. Die Authentifizierung erfolgt mit Passwörtern (PSK) oder Zertifikaten (802.1x).

Siehe auch: Wifite | Wireshark.

WPS

Abk. für engl. Wi-Fi Protected Setup. Einfache, aber äußerst unsichere Methode zum Installieren eines drahtlosen lokalen Netzwerkes. Erfolgt der Schlüsseltausch automatisiert und per Knopfdruck, spricht man von einer Push-Button-Configuration (PBS).

Siehe auch: Wifite | Wireshark.

Würmer

Siehe: Malware.

WWW

Abk. für engl. World Wide Web. Internetdienst basierend auf HTML.

Siehe auch: Website | URL | HTML | Internet | Tim Berners-Lee.

WYSIWYG

Abk. für engl. What You See Is What You Get, dt. Was du siehst ist was du bekommst.

X

X

Siehe: Twitter.

x86_64

64-Bit-Version des x86-Befehlssatzes. Ursprünglich benannt nach dem 1978 von Intel eingeführten Mikroprozessortyp: 8086.

Synonym: x64; Core 86 (64-bit).

xD

Netzjargon für »lachen«, »lächeln«.

XML

Abk. für engl. eXtensible Markup Language, dt. erweiterbare Auszeichnungssprache. Textbasiertes Datenformat mit Forma-tierungs-Anweisungen, ähnlich der Datenstruktur von HTML. Ermöglicht den einfachen, strukturierten Austausch von Daten.

Synonym: Auszeichnungssprache; Datenübergabeformat.

Siehe auch: JSON | Datenübergabeformat.

XSRF /XSS

Siehe: Cross Site Scripting (XSS).

Y

Yandex

Russisch-niederländisches   Technologieunternehmen   und Suchmaschine, gegr. 2000.

Siehe auch: Suchmaschine.

Yang, Jerry

Mitbegründer des Internetverzeichnisses Yahoo, geb. am 06. November 1968 in Taipeh, Taiwan.

Yahoo

US-amerikanisches Technologieunternehmen und Internet-Verzeichnis, gegr. 1994 von David Filo und Jerry Yang.

Siehe auch: Suchmaschine | Yang, Jerry | Filo, David.

YouTube

Videoportal, gegr. 14. Februar 2005 von Jawed Karim, Steve Chen und Chad Hurley. Seit 2006 Tochtergesellschaft von Google LLC.

Z

Zahlungsmittel, elektronisches -
Siehe: PSP.

Zapatista
Indigene Bewegung aus der Region Chiapas / Süd-Mexiko.
Siehe: FloodNet-Protest.

ZDA
Abk. für Zertifizierungsdiensteanbieter.
Synonym: Zertifizierungsstelle.
Siehe: Certificate Authority (CA).

Zeileneditor
Siehe: VI.

Zeitsperre
Siehe: Session-ID.

Zero-Day-Exploit
Siehe: Exploit.

Zertifizierungsstelle / Zertifikat, Digital-
Siehe: Certificate Authority (CA) | Elektronische Signaturen |
BnetzA (Bundesnetzagentur).

Zirkelbezug

In einer Abfolge von Ursache und Wirkung, die aufeinander bezogen sind, spricht man von Kausalität, wenn gilt:

A erzeugt B. Damit ist A die Ursache von der Wirkung B.

Im Fachjargon der Softwareentwicklung spricht man weniger von »Ursache« und »Wirkung«, eher von »Referenzierungen« und »Abhängigkeiten.« Eine zirkuläre Abhängigkeit, also ein Zirkelbezug, liegt dann vor, wenn B von A abhängig ist (B → A) und A von C abhängig ist (A → C) und C wiederum von B abhängig ist (C → B).

Synonym: Zirkelreferenz; Zirkelschluss; Deadlocks.

ZIT

Zentralstelle zur Bekämpfung der Internetkriminalität.

ZITiS

Zentrale Stelle für Informationstechnik im Sicherheitsbereich. Dienstleister der deutschen Sicherheitsbehörden für die Bereiche: digitale Forensik, Telekommunikations-Überwachung, Krypto- und Big Data-Analyse.

Zuckerberg, Mark Elliot

Gründer von Facebook, geb. am 14. Mai 1984 in New York.
Siehe auch: Facebook | Meta, Inc.

Zugangsberechtigung

Siehe: Account | Passwort.

Zugangsdaten / Zugangskennung

Siehe: Account | Autorisierung | PIN.

Zugriffsschutz / Zugriffsrecht

Siehe: PoLP (Principle of Least Privilege) | Verifizierungscode | Autorisierung | Account | Certificate Authority (CA) | Kompromittierung | Crack / Cracker.

Zutrittskontrolle

Siehe: RFID | Chipkarte | Identifizierungsmethoden.

Zwei-Schritt-Verifizierung

Siehe: 2FA.

<u>Notizen:</u>

Notizen: